目標達成の
全技術

延迟满足
如何在等待中获得更多

［日］三谷淳 著　崔灿 译

 中国友谊出版公司

图书在版编目（CIP）数据

延迟满足 /（日）三谷淳著；崔灿译. -- 北京：
中国友谊出版公司, 2021.6（2021.10重印）

ISBN 978-7-5057-5227-6

Ⅰ. ①延… Ⅱ. ①三… ②崔… Ⅲ. ①企业管理 – 经
济管理 Ⅳ. ①F272

中国版本图书馆CIP数据核字（2021）第090609号

著作权合同登记号　图字：01-2021-2575

"MOKUHYOUTASSEI NO ZENGIJYUTSU" by Jun Mitani
Copyright © J. Mitani 2019
All Rights Reserved.
Original Japanese edition published by Nippon Jitsuyo Publishing Co., Ltd..
This Simplified Chinese Language Edition is published by arrangement with Nippon Jitsugyo
Publishing Co., Ltd. through East West Culture & Media Co., Ltd., Tokyo

书名	延迟满足
作者	［日］三谷淳
译者	崔　灿
出版	中国友谊出版公司
发行	中国友谊出版公司
经销	北京时代华语国际传媒股份有限公司　010-83670231
印刷	唐山富达印务有限公司
规格	880×1230 毫米　32 开
	7 印张　100 千字
版次	2021 年 6 月第 1 版
印次	2021 年 10 月第 3 次印刷
书号	ISBN 978-7-5057-5227-6
定价	56.00 元
地址	北京市朝阳区西坝河南里 17 号楼
邮编	100028
电话	（010）64678009

前　言

　　本书是讲怎样通过延迟满足来实现长远目标的，当然了，要介绍的远不止这些。

　　你有过下面这些经历吗？

　　虽然年初设定了目标，但是没过多久就厌烦了。

　　中途目标被质疑，然后心理上产生动摇，最终放弃了目标。

　　尽管上级设置了目标，但是觉得不可能完成，所以没办法认真执行。

　　如果有过这样的经历也没关系，只要阅读本书，就能在很大程度上帮助你实现目标。

　　首先请允许我做一个简单的自我介绍。我上小学的时候只复习了 8 个月就考上了著名的私立中学，大学三年级我通过了被称作日本难度最大的资格考试——司法考试，并且是合格者中年龄最小的。目前，我是多家顾问企业的律师事务所、税务师事务所和咨询公司这三类的法人代表。

看到这样的履历，有人对我说过"为什么你做什么都能成功呢？""你不会理解那些没办法完成既定目标之人的心情吧？"之类的话，其实完全不是他们所说的这样。

为什么这么说呢？不仅因为我有时候即使设定了目标也经常完不成，还因为我也饱尝过失败和挫折的滋味。

基于俱乐部活动的安排和自己的兴趣，我曾尝试过体育和音乐，但是两项均不擅长。尤其是高中时期加入游泳社团，别说是完成所定的目标了，光是练习就特别苦，让我备受折磨、心生厌恶，每天净想着怎么才能逃课。

当然，我也不可能参加比赛、拿名次了，连"希望能再游得快一点""下次要跟这次游得一样好"这样的想法也没能实现。

后来我作为独立律师的时候也是一样。我是那一届通过司法考试的最小考生，纷至沓来的都是"好厉害啊""真优秀啊"

等称赞。这让我自鸣得意起来，意气风发地认为独立之后客户也会增加，自己的收入也会水涨船高，而结果却和我预想的大相径庭。

不仅客户完全没有增加，而且还发生了这样的情况：找我合作的公司增加一家，便有一家要和我解约。这样反反复复之后，我一个月的营业额还不到 10 万日元。

我当时完全失去了信心，而且为了维护仅有的自尊心，还把错全推给他人：是客户有问题，是员工不行……当时就这样落寞地收场了。

我接受不了没有闯出一番天地的自己，因此每天都非常急躁，就在这个时候，我遇到了稻盛和夫。他是缔造了两家世界500 强企业——京都陶瓷株式会社（京瓷集团）和日本电信运营商 KDDI 的董事长，并且是拯救了濒临破产的日本航空的"经营之神"。

我参加了稻盛和夫先生主持的学习会，受益匪浅。

其中最让我意外的是，与会学习的经营者前辈们不仅一次次地通过延迟满足超越更高的目标，把公司做大做强，就连他们公司的每位职员也都有明确的长远目标并为之奋斗。

这和没有成功就放弃，并且还自暴自弃的我是多么大相径庭啊！

我看到一次次超越目标，让企业稳步壮大的人都有一些共同点。这些共同点，我会详细在本书中介绍。实现目标的人把通往成功的道路分为以下三个步骤，并且针对每个步骤都有独特的思考模式和行动。

· 第一步，设立目标。

· 第二步，制订计划。

· 第三步，实施计划。

现在回想，我在中学考试和司法考试中之所以能取得出类拔萃的成绩、达到自己的目标，就是碰巧采用了这样的思考模式并且采取了行动。相反，在高中时的游泳课和独立创业时的工作方法肯定是这三步中的哪一步出了大问题，才导致没有收获想要的结果。

发现这个问题后，我总结了实现目标的共同点，并且将其方法化，然后尝试将其运用到每一天的工作中。这样做之后，律师事务所的客户在短短3年内就翻了3倍以上，签约的顾问合同的数量也在日本名列前茅。

并且，现在新增了税务师事务所和咨询公司，也就是说，我不止涉足法律，也兼顾会计、战略筹划等领域，从多方面帮助其他企业成长，使之发展成集团公司。这些成就是我在把实现目标的方法体系化之前完全没有预料到的。

这套方法也对客户的发展起了积极的作用。令人欣喜的是，我们帮助的企业都得到了令人瞩目的发展，并接二连三地实现了上市。

另外，我还取得了在日本经营心理学协会、学习心理学的机会，获得了组织心理师的认证证书。

自从我系统地知道延迟满足者实现目标的心理活动和很难实现目标的人究竟要注意哪些事项，并且在这套方法有了逻辑的支持之后，我便越来越有自信了。

延
迟
满
足

　　但是，能直接听到我讲如何通过延尺满足来实现长远目标方法的客户毕竟是少数，我便有了把这套方法介绍给更多人的想法，并且我想分享受益于此方法的人的成功的喜悦，因此才有了这本书。

　　要实现目标，除了需要遵循三个步骤，还需要一个诀窍。这个诀窍谁都可以学会，跟心情、性格、努力和毅力完全没有关系。

　　只要掌握这个诀窍，不仅可以实现工作中的目标，比如完成销售额或者做成一个项目，而且还可以运用在减肥、达到高尔夫标杆100、在异性中更受欢迎等方面，从而更好地实现个人目标。另外，还能帮助你的团队、下属以及孩子实现目标。

　　我通过本书真正想告诉大家的，与其说是"完成目标的时间点"，不如说是"设立目标的时间点"。

　　其实，人有无限的可能性。

　　延迟满足一旦成为习惯，就会期待自己完成更高的目标，然后想象自己的成长并且迫不及待地设立下一个目标。如果能够感受到设立目标并愿意为之延迟满足时的欣喜，自己每天也会过得开心又充实。

更进一步说，人生也会随之改变。

你可能会觉得我言过其实，但事实真的如此。

如果本书能够使你在设立目标时欢欣期待，实现目标之后欢喜愉快，便没有比这些更让我开心的事了。

三谷淳

目 录
CONTENTS

延
迟
满
足

chapter 3 ｜ **用结果倒推法让每一步清晰可见**

chapter 4 ｜ **静下心来做有长期价值的事**

目

录

ONE

chapter 1
瞄准长线收益目标

1

这是一个需要长远目标、需要延迟满足的时代

亲爱的读者，你现在有目标吗？为了达到目标，你每天都在忙些什么呢？

例如下面这些工作上的目标：

这个月想达到 100 万日元的销售额；成为公司正在做的某项目中的一员……

或者下面这些私人目标：

到夏天之前要瘦 3 千克；存钱和家人去国外旅行……

或者下面这些集体目标：

这次的业绩要超过其他部门；让这家公司在 5 年内上

市……

我们周围总是充斥着形形色色的目标，随之而来的就是怎么做才能实现的烦恼、实现目标后的喜悦和没能如愿以偿的失落。

这个月就这样过去了，又没能实现计划，要怎么跟领导解释呢？如果一直没有很好地完成诸如此类的目标，你可能会萌生诸如"还不如自由地工作"或者"没有目标该多好"这类想法。

完成目标是有诀窍的

被称为"现代管理学之父"的美国学者彼得·德鲁克将每年设立目标并计划实施的这种管理方式引入了商业领域。现如今，工作和目标设定已经是不可分割的了。

在日本曾经的经济高度发展时期，人口和 GDP 都呈飞跃式增长。当时的人即使什么也不考虑，什么方法也不寻找，从某种程度上说就算一味普普通通地工作，收入也在上涨。那是非常有成就感和满足感的时代。

然而，如今的日本面临人口老龄化、家庭子女越来越少、财政危机等问题，在国际竞争力低下的情况下，企业如果不努力，就没有办法生存下去。

所以，对我们这样的商务人士来说，必须要和那个只要没有大失误就能涨薪水的时代告别，我们要不断设立目标并且达到目的。

我并不是在此危言耸听，而是这个时代就是如此：越能很好地完成目标的人，就越能得到别人的好评和认可，然后收入才能增加，并且这样的人更容易获得满足感。但是大多数人都没有学过设立目标的逻辑方式，也没有系统地学习过针对实现目标去制订行动计划。这样导致的结果就是虽然每年元旦的时候立下"今年要减肥成功"的目标，但体重还是继续增加；虽然说出"这个月要多拿到 10 份新合同"这样的豪言壮语，但还是没有做到……然后人会出现失落、悲观的情绪，觉得是因

瞄准长线收益目标

为自己精力不足或者没有才华，进而丧失干劲儿。

如果我们仔细观察那些非常擅长实现目标的前辈，就会发现实现目标是有窍门的。

只要掌握了这个诀窍，就能不断突破设定的目标。一旦完成了目标，从第二天开始这个目标就成了顺理成章的事情，自己就会想完成更高的目标。这样公司和客户就会对你刮目相看，你也会赢得家人和朋友的尊重。当然，你的收入和热情也会提高，每天肯定也会更加快乐。

所以，请一定要加入擅长实现目标的人群！

延

迟

满

足

2

乐观地构思，悲观地计划，乐观地实施

要想实现目标需要掌握三要素：乐观地构思，悲观地计划，乐观地实施。

下面我先介绍实现目标的方法。

实现目标方法分为三步，实施起来其实只有三件事，并不是很难。

· 第一步，设立目标。

· 第二步，制订计划。

· 第三步，实施计划。

你可能会觉得："什么啊，这不是人尽皆知、理所当然的

事情吗?！"请你先别生气，听我慢慢道来。

这些确实是一些理所应当的事情，但是只有真的遵照上述三点行动，才可能实现目标。

反过来说，如果过去有过没有实现目标的经历，应该就是上述三步中的某一步出现了问题。

即使是那些不太善于实现目标的人，如果能搞清自己容易在这三步中的哪一步栽跟头，要在哪一步多下功夫，那么实现目标的概率也会大大提升。

为了让大家有一个整体的认识，了解从目标设立到目标完成的完整流程，先在这里讲一下这三步的基本思考方式以及典型的失败案例。

每一步详细的方法和依据会在第二章之后具体介绍。

这三步按照顺序采用对应的思考方式。

· 第一步，设立目标——乐观思考（设想自己不管怎样都一定能做到）。

· 第二步，制订计划——悲观思考（设想偶然或突发事件，慎重考虑）。

· 第三步，实施计划——乐观思考（抱着相信自己绝对能做到的信念执行）。

这是稻盛先生在京瓷哲学中所谓的"乐观地构思，悲观地计划，乐观地实施"。

首先，第一步是设立可以实现的目标。

可以实现的目标并不是指不费吹灰之力，谁都可以完成的简单目标。设立远大的目标更能激发人的斗志，让人认真对待，这样反而更容易达成所愿。无论是谁，在面对自己喜欢的事情时，都会非常努力并沉浸其中的。

比如我女儿正在上中学，她非常讨厌英语，考试时就连简单的单词都拼不对。但是，她是日本女子偶像组合榉坂 46 的铁杆粉丝，所以从来不会把榉（日语：欅）这个汉字写错。

我还有个儿子在上小学，他也是一样的。只要一做数学题，他很快就会发脾气。但是他喜欢历史，尽管有关战国武将和城池的书晦涩难懂，他却乐此不疲并且反复阅读，甚至有些史实

瞄准长线收益目标

过目不忘。

你肯定也有沉浸于自己的兴趣并且专心致志的经历吧。比如沉迷推理小说，尽管知道第二天上午会饱受睡眠不足之苦，但还是不知不觉读至深夜。

人是有无限的可能性的，因此需要乐观地构思并且设立较高的目标，这一点是非常重要的。过低的目标反而会让人漫不经心，降低完成率。

在第一步中，栽跟头的大部分人会把目标和口号混为一谈。

虽然有"这次要培养下属""这周要对孩子温柔些""今年要减肥"等口号，却没有"怎样培养下属""要做什么才能对孩子温柔些""怎么做才能减肥成功"的具体方法。

由于目标模糊，最终是否完成也无法判断。这样的口号也只能是口号。

能够对行动计划进行逆向推导是最重要的

第二步是制订行动计划。

往往会有人跳过第二步直奔第三步，也就是不制订实施计划而马上采取行动。

事实上，这是一种典型的失败案例。

比如设定了"今年要减肥，要成功瘦下来 5 千克"这样的目标。凭着一时兴起立了誓、发了愿，于是第一天努力控制食欲、饮食减半，但是到了第三天实在受不了饥肠辘辘的煎熬，就又开始大吃大喝了。这是非常典型的由于完全没有制订行动计划而产生的例子。

制订计划的根本是从两方面彻底地逆向思考

第一是"时间上"的逆向推导。

例如，3 个月要瘦 5 千克，前 2 个月就需要减下来 4 千克左右，这样的话，第 1 个月就要减掉 2 千克。如此规划，然后设立诸如"第一周阅读跟身体的基础代谢和计算食物卡路里有关的书"这样的中间目标。中间目标类似小的里程碑节点，由目标反推，可以设立许多小的里程碑并一一跨越，逐渐接近目标。

第二是"领域上"的逆向推导。

例如，为了 1 个月减肥 1 千克，可以划分为一日要减少 200 卡路里的摄入量或者一日多消耗 300 卡路里这样的具体目标。

然后针对每一个具体的目标实施计划，比如一日摄取的卡路里控制在 2000 以内，或者为了多消耗卡路里，每周都要做一次肌肉锻炼、两次慢跑等。

在制定实施方案时最重要的是"悲观地计划"。

尽管实施方案时经常是全部按照计划进行的，但是现实往往会有各种不可预测的事情发生，计划经常赶不上变化。

比如设定了"3 个月减肥 5 千克"的目标，进而制订了"减肥期间不喝酒"和"一周慢跑两次"的实施计划。

但是，现实中客户突然邀请说"一起去喝几杯吧"的时候，"现在我在减肥中，不喝酒"这种话会很难讲出口，这样一来，计划就被打乱了。

再举一个例子，制订了慢跑的计划，但是由于感冒或者阴雨连天没法出门等原因，不能按照原定计划实行的情况在现实生活中可不少见。

正因为所有的计划不可能都能按理想状态实行，所以在制订行动计划的时候一定要有预留的"方案 B"。例如一周可以喝两次酒，但是其中的一次仅限于交际应酬；不能慢跑的时候，就去游泳馆游泳或者控制饮食。

总之，在进行第二步的时候需要缜密、慎重地考虑所有可能会造成干扰的情况，然后再制订行动计划。这也是稻盛先生所说的"看到结果之前要彻底考虑过程"。

专注于行动并愉快地执行

实现目标的第三步是彻底地贯彻实施，直到目标完成。

在这一阶段也需要乐观的心态，要相信凭自己的力量肯定能实现目标，每天带着愉悦的心情执行计划。

其实不单是你，所有的人在朝目标前进的时候都会有"真的可以实现吗"这样的疑问，并且变得忐忑不安。

如果能深入了解大脑机制，感受到不安的缘由，就能更好地应对这种心理。

首先我想让大家知道的是：虽然我们不能选择结果，但是可以选择自己的行动。

例如你是某公司负责销售的职员，想完成一年 340 万日元销售额的目标。

至于最终是否能完成这个目标，取决于客户是否买你的服务，也就是取决于客户的决定，你自己是无法掌控的。

但是，你可以掌控自己的行动。比如，每个月和 20 个人交换名片或者每周向 3 个人推荐公司的服务，这些事靠自己是肯定可以做到的。

因此，在实施阶段不要关注结果，而要把关注重心放在行动上。

重点是要从简单并且可以做到的实施计划开始做起。

如果设立了目标并且朝着这个目标前进，但是一开始就问题不断，没办法顺利进行的话，不仅自己的动力会受挫，而且实现目标的执行力也会一股脑消失。

所以，开始实施计划时，并不是要从较难的事情着手，而是要从自己确定能完成的部分慢慢开始。

比如你有销售计划，跟直接进入销售阶段相比，先给熟人发邮件通知召开研讨会，这样会更容易入手。

如果直接开始销售，往往连续几天的结果都是没有签成一份合同，这样自信心也会受挫。反之，如果熟人中有一个回复，表示可以参加研讨会，你的情绪就会受到鼓舞。当有很多任务的时候，比较理想的是先从容易的入手，并且从自己感兴趣的

瞄准长线收益目标

事情开始做起。

当然，即使是费尽周折、缜密思虑之后制订的行动计划，在实施的时候也经常不尽如人意。

比如，如果制作了新的主页，那么每周可能会有5件客户要咨询的事情，但是实际上只有1件。尽管制订了计划并且也实施了，但是结果往往不尽如人意。

面对类似的情况，我们有必要重新调整中间目标或里程碑，对行动计划也要进行微调，然后再朝着目标行动。

另外对于周期长的目标来说，就算最初阶段设想的结果出不来，也不要放弃目标，而是要继续前进。

延
迟
满
足

3

成功者只比别人多一个优势

人类对于外部世界的认识，按照"心理上的负荷"可分为三个区域

目前为止，在我认识的客户以及在学习会上结识的人中，我看到很多人都在不断超越更高的目标，他们当中有销售额年年增长，5年把企业扩大了5倍的管理者；有宣布企业要上市，结果在准备期间只用了3年就实现了目标的管理者；有在企业中连续3年营销成绩位列第一的人身保险营销员；有入职

瞄准长线收益目标

以后才开始打高尔夫球，一边忙于工作，一边在省级高尔夫比赛中获得第一名的公司职员；有成功减肥 20 千克，在健美大赛中获奖的医生；等等。

像这样不断完成更高目标的人，除了刚才说的实现目标的三步即"乐观地构思，悲观地计划，乐观地实施"之外，他们还有一个非常重要的共同点。

这个共同点就是一直处于"学习区"并且享受这种状态。

请容我稍微详细解释一下。

在心理学上，将感到安心、以得心应手的方式行动的区域称为"舒适区"。

· 每天同一时间上班。

· 工作中接到的任务默默做完。

· 习以为常地回到司空见惯的家。

· 每年拿着一成不变的年薪。

这些状态都是处在舒适区的典型例子。

从舒适区踏出一步的状态，在心理学上被称作"学习区"。

延
迟
满
足

例如下面的情况：

接到任务要做新项目，必须采用未曾涉足过的方式完成；搬家之后要适应新住所；工作中被提拔成了领导，年薪一下涨了 1.5 倍……

在学习区的外层还有"恐慌区"，典型的情况有：

被公司解雇；突然被公司调到国外，但自己并不会当地的语言；因生病或受伤而无法继续工作……

进入恐慌区的人，通常会感到恐惧不安、不堪重负，只有马上改变处事方式才行。

处在学习区是实现目标的关键

我想告诉大家的是，比起舒适区，处在学习区做事效率会提高，也更能激发潜能，从而有更佳的表现。

你也一定有这样的经历吧：如果工作中一项任务给的时间非常充足，自己就容易变得散漫、懈怠，没办法完成得很好。

而如果时间紧迫，人的注意力会更集中，就能在短时间内高效率地完成任务。

危急时刻能激发潜能，相比没有任何刺激的安心环境，人在有点压力的状态下做事，效率会更高。这一点在实验室的老鼠身上也得到了验证，所以不只是人类，很多动物身上都有这样的潜能。

"我已经设立目标了，但就是不能按照计划进行""我下定决心每天早起，但就是起不来"等状态可能就是不能从舒适区中走出来导致的。

善于实现目标的人对于设置高目标会感到惶恐不安，自己常年的生活方式和工作方式如果发生变化，他们会倍感压力，因此每天都稀里糊涂地生活在舒适区中。

与此不同的是，不断达到更高目标的人设立的目标高到连自己也会想"真的可以完成吗"，但是他们会制订无法让自己懈怠的行动计划，将自己置于学习区来激发更高的能量和潜力。

延迟满足

如上所述，擅长完成目标和不擅长完成目标的人，区别仅限于前者一直处在学习区，而后者永远在舒适区。

另外，舒适区的广度是随着每个人的经历而变化的。

最初感到困难的事情，习惯之后会变成简单的事。

举一个简单的例子，很多人在最开始学骑自行车或者在驾校学开车的时候肯定非常紧张，后来习惯成自然，就不会再有任何压力了。

在实现目标时如果设立的目标是轻而易举就能完成的，自己还是无法走出舒适区，这样目标完成的概率就会降低。

然而，若设定的目标过高，自己进入了恐慌区，思维就会停滞，也会导致无法行动。在学习区能感到适当的压力，按照上述三步有计划地行动就能增加实现目标的概率。

虽然在学习区很辛苦，但是能让人成长。

4

踏出舒适区，进入学习区

为什么有些人怎样都无法进入学习区

设立高目标，让自己不断成长，能做到的事情当然也会越来越多。这样就会想要进一步挑战更高的目标，进入一个良性循环，接二连三地实现目标。

你也许在想：虽然自己明白应该进入学习区，但是行动上就是没法改变，怎么办？

其实我也有不少痛苦的经历，至今都难以忘怀的是高中时在游泳社团受到的挫折。

延迟满足

虽然我也想游得更快，但是加入社团之后，每天都要面对严苛的训练，于是我就想逃走。

在学习区让自己成长的想法当时离我还很遥远，我那时当着教练的面假装认真练习，心里想的却是如何翘课。因此，后来在比赛中，自然就没有取得引人瞩目的成绩，最后不是以游泳选手，而是以其他游泳队员的替补身份惨淡结束了高中的社团活动。

除此之外，我还有过这样的经历：觉得一旦失败的话就太尴尬了，所以从不会说出目标。虽然想减肥，但是怎么都戒不掉甜食；下定决心早起学习，但是闹铃响了之后就是没办法从被窝里爬起来。

后来我便知道，虽然想进入学习区，但就是进不去的原因并不是自己意志薄弱或者热情不足，而是在学习区前有"维持现状偏差"这个强敌，它总是把我赶回舒适区。

虽然是老生常谈的话，但我在这里还是稍微解释一下。

"维持现状偏差"是一种人类规避变化的心理本能，即使该变化可能带来好处，但是对改变的恐惧会让人无法采取行动。

也就是说，人类的大脑比起对于做新事物之所得，反而会对做新事物之所失有扩大性的评价，于是大脑程序会尽可能地做出没有变化的选择。比如：

A：无条件获得 1000 日元。

B：玩"剪刀石头布"，如果赢了，得 3000 日元；输了，一分钱没有。

在确定要二选一的情况下（尽管理论上的期待值是 B 更高），但大多数人会选 A（因为只有胜负两种情况，所以 B 的期待值是 3000 日元除以 2 等于 1500 日元）。

反之：

A：不得不交 1000 日元的罚金。

B：无"剪刀石头布"，如果赢了，可以免处罚金；但是输了，要交 3000 日元。

在这种情况下，虽然理论上期待值是 A 更高，但是选 B

的人数却在增加。

相对于之后可能到手的东西，人们会对已经到手的东西更加爱惜，于是日常生活中会发生下列事情：

· 尽管在职场中有各种不满，但就是没办法跳槽。

· 对已经在一起很久的恋人即使有不满，也没办法开口说出分手。

· 哪怕交往很久的恋人，也没办法踏入婚姻的殿堂。

· 尽管有自己一直想挑战的体育项目，但就是没办法开始参与。

· 尽管想减肥，但就是控制不住吃零食。

继而产生下面这些劝导自己的内心独白：

· 尽管工资很低，但是觉得适合自己，而自己也没有太大的抱怨。

· 现在的恋人虽然不完美，但是分手之后难以保证会遇到更好的人。

· 结婚之后可能会十分幸福，但是也会产生各种制约。

· 因为现在很忙，所以等有时间的时候再想吧。

· 这个月的聚会太多，减肥这件事等下个月再开始进行吧。

这就在无意识中阻挡了变化和新的挑战。

本来"维持现状偏差"是人类具备的生存和防御的本能。"迄今为止，这样的行事方式也不至于消亡，所以就继续控制在这种方式内而不采用新方式"的想法确实增加了脱离生命危险的可能性。因此，对于新方法的畏缩是为了保存物种的自然本能。

然而要完成新目标的时候，"维持现状偏差"就变成了实现目标的最大阻碍。

为了更好地跨越"维持现状偏差"这个阻碍，我们有各种技巧，比如公开说出目标、组群实现等。

这些在第二章之后会有更详细的介绍，在此，请大家先知道有"维持现状偏差"这个强敌。

延迟满足

5

只要还在努力，情况就不会太差

所有实现目标的人都经历过很多挫折

还有一点想要告诉大家，就是即使最终目标没有完成，情况也不会变坏。

大家见过上市企业下调结算的新闻报道吗？

设立目标，实施计划，一切都如预想的那般顺风顺水就完成了……并不是所有事情都这么简单，高目标更加不是这么轻而易举就能完成的。

计划被打乱的时候，要重新规划实现目标的路线，并且要修正计划，如果这样还是十分困难的话，甚至要重新修正目标本身。

虽然可能会让大家意外，但是完成高目标的人，往往经历过多次失败。去年实现上市的 A 公司的 K 总经理，之前两次计划上市，但是均以失败告终，第三次挑战才实现了目标。在庆祝上市的聚会上，他的脸上满是愉快。

另外，J 公司的 W 经理在上市之后宣布了"减少 98% 的收益"的下调计划，遭到投资人的强烈批评，但是他顶着压力，斗志满满地让业绩呈 V 字形触底反弹，让公司有了更高的发展。

诸如此类善于完成目标的人都无惧失败，因此给自己设立高目标，让自己每日都处在学习区。

当目标无法完成的时候，应考虑"是哪里出问题了""怎么办下次才能成功"，然后再次挑战，也就是说越早行动，越能快速进入 PDCA 循环。

即使没有实现目标，也有利无害

不擅长实现目标的人最初虽设定了目标，却很难将其说出口。我在高中时期就是这样一个典型。

不想设立目标的原因是一旦公开却没有完成的话，不仅非常尴尬，而且心理上受不了。由于虚荣心作怪，所以很难跨越"维持现状偏差"这一障碍。

关于这点，第五章也会详细讲述，如果决定实施新的行动时感到压力而犹豫不决的话，行动之后是不会后悔做过这样的决定的。

做个试验，请大家试着回答下面两个问题。

① 目前为止，你自己下定决心要挑战的事情，虽然尽力而为却没有得到想要的结果，这些事情中有让你后悔的吗？

② 目前为止，在你想尝试但是担心结果不好，所以没有行动的事情中，有让你后悔的吗？

恐怕让人特别后悔的事情都是②引起的，对不对？

瞄准长线收益目标

"当时要是跟她表白就好了"，这样的后悔让人一生都难以忘怀。如果当时鼓足勇气表白，即使被拒绝，对表白这个决定也不会后悔的。

你最初设定目标的目的是什么呢？

你可能会想"设定目标的目的当然是为实现目标啊"，但其实目的并不应该是结果本身。

· 体重减少 5 千克——让自己变得更好看。

· 争取营销成绩出类拔萃——拿到提成和家人去旅行。

· 让公司的销售额翻一倍——想让公司的产品给更多的客户带去快乐……

诸如此类"成为更好的自己""给别人带去欢乐""在社会上变得有用"等目标，完成的时候自然有成就感，但即使目标本身没有实现，也会有所得。

· 虽然没有成功减重 5 千克，但是体重减了 4 千克，肚子周围的赘肉都消失了，自己变得有自信了。

· 销售成绩虽然没有达到第一，但是工作能力得到了大家的认可，公司给发了提成，自己可以和家人去旅行了。

· 销售额虽然没有翻一倍，但客户的数量有了飞跃般的增长，不仅得到了客户的感谢，自己工作起来也更有劲头了。

也就是说，如果向着目标竭尽全力奋斗，无论最终是否实现目标，都只会有利无害。成功的反面并不是失败，而是不采取行动。

在思考目标的时候是最快乐的

不断实现高目标的人一直都会给自己设置目标，也常常思索下一个目标是什么。你知道这是为什么吗？

这是因为设立目标的时候是最快乐的。

"啊？不是实现目标的瞬间是最快乐的吗？"你可能会有这样的想法，其实不是这样的。更清楚地说，越是能出色实现目标的人，越是对自己设立过的目标是否完成没有太大的兴趣。

也就是说，一直处在学习区不断成长的人，在感到过去设立的目标已经完成的瞬间，就对当时的目标失去兴趣了，因为他们已经在刷新自己目标的范围、设立更高的目标了。

另外，他们在明白设定的目标完成起来非常困难的时候，会对目标进行修订，完成期限也会随之更新。

能出色实现目标的人就是这样想象的：如果努力的话，下次就能做成这样的事情。因此，他们非常享受规划的时刻。

那么，进入学习区吧！

进入学习区后，我们可以体会到这些变化：

· 因为想要跨越"维持现状偏差"的阻碍，所以决定挑战需要应对压力的事情。

· 总是觉得如果不挑战，可能会后悔。

· 若决定挑战，无论成败，都不会后悔。

· 跨越"维持现状偏差"的阻碍进入学习区，会遇到很多可以提升动力的因素，自然会激发出更多的潜力。

· 在学习区，如果轻易就能做到的事情在日益增加，能切实感受到自己的成长，那么每天都会过得很快乐，也很难再回到舒适区。

　　如果没有任何需要担心的事情，那么请你也设立更高的目标，踏入学习区吧！

chapter 2

敢进窄门，愿走远路

1

如何设定令自己跃跃欲试的目标

并不是设定可以实现的目标，而是想实现的目标

要实现目标，最初的步骤是设定"可以实现的目标"。

至今为止，我帮助过许多人实现目标，那些不太擅长实现目标的人有八成是在最初的步骤就需要完善或改进的。

与此相反的是，在这一步做得非常出色的人，一口气就能接近目标。

请先记住：设立好目标就相当于完成了实现目标的80%。因此，目标设定的第一步是至关重要的。

设定目标的重点是无论如何都要"乐观地构思"。把什么都难不倒自己作为前提，想象自己完成目标时的状态，设想是非常重要的。

例如，如果领导对你说"你考虑一下下期的销售额"，你会设立怎样的目标呢？

肯定有人会有这样的想法：我讨厌辛苦，如果没完成目标，领导会生气；如果没有实现，会引起尴尬……于是，设立的目标无形中就会变成"稍微努力一下就能完成的目标"。

乍一看，跟高目标相比，完成低目标的概率更高，而实际情况却是相反的。

因为人的大脑的设定是"只有自己真正想做的事情，才会努力"，也就是说，人对自己不想做的事情是不会全力以赴的。

能实现高目标的人和取得很大成就的人，周围的人都觉得他们看起来很忙，他们那么努力真是辛苦，其实他们只是沉醉在自己想做的事情当中无法自拔而已。

尽管辛苦，但是旁人完全不会感觉是有人在强迫他们做事。

延
迟
满
足

谁都有为了自己喜欢的事情而拼尽全力的经历吧。

你在小学的时候曾经沉迷于什么事情呢？

估计回答"沉迷于老师留的作业"的人应该很少吧。玩躲避球，跳皮筋，在山林间建立树屋般的秘密基地等，是不是你当时经常沉迷其中而不能自拔的事呢？

如果是领导布置的任务，你非常不情愿地设立目标，这就跟老师留作业，小学生不情愿完成是一样的。

因此，设立的目标必须是能让自己跃跃欲试的，是比能达到的目标要尽可能再高一点的目标。

这个就是实现目标的秘诀。

跨越内心阻碍只有一个诀窍

即使知道应该设立比能达到的再高一点的目标，但是心里依然有这样的障碍——自己并没有那么高的才华，应该没办法做到这样的事情；自己能做到的，充其量也就是这种程

敢进窄门，愿走远路

度了……

由于"维持现状偏差"会阻碍我们进入学习区，然后就会出现"也想在自己的兴趣和家人身上多花时间，所以工作做得差不多就得了""忙起来就没办法吃饭，也是没办法"等接受自己现状的想法，所以请务必小心。

阻碍内心的是过去失败的经历，让自己丧失了"只要行动，就能成功"的勇气。

如果问没有经历过失败和挫折的幼儿园小朋友将来想做什么，他们一般会回答"要成为世界上最棒的足球运动员！""成为糕点师！""成为将棋名人！""成为亿万富翁！"等。他们对将来会说出各种辉煌的憧憬，因为小朋友是没有内心阻碍的。

然而有的人长大以后，"学生时代的成绩不好""加入棒球社团才知道比自己厉害的人数不胜数""在同事中有能抓住客户内心的销售天才"等感觉会越来越强烈。感受人外有人后，开始重新判断自己所处的位置。

延
迟
满
足

　　要打破内心的阻碍有一个诀窍，就是设立目标的时候不要想"怎么办"。

　　如果你是一个全能的人，你想先在什么事情上有所建树呢？

　　"假如你有亿万年的时间""你的金钱源源不断""你的才能取之不尽、用之不竭"……以这样的假设为前提，考虑一下让你跃跃欲试、期待不已的目标。

　　说到思考要设立什么目标，同时自然会想到如何完成，但是如果同时考虑"要实现什么"和"怎么做"，那么占据头脑的就不是"想做的事情"，而是"能做的事情"，这样就无法进行乐观的构想了。

　　"要成为世界上最棒的足球运动员""成为糕点师""成为将棋名人"……小孩说出自己梦想的时候，并不会考虑"怎么做才能成为专业的足球运动员""要成为糕点师需要做什么""要成为将棋名人需要付出多少努力"。

　　在"京瓷哲学"中，稻盛先生认为，在工作中能够实现新

敢进窄门，愿走远路

目标的人，是那些坚信自己有无限可能性的人。

仅以自己过去的经验判断自己行或不行，是无法挑战新事物和实现高目标的。

若决定做什么事情，首先便要坚信人的能力是无限的，然后付出持之以恒的努力。相信自己有无限的可能性是非常重要的。

发明飞机的莱特兄弟最初肯定没有思索"怎么做才能设计出能载人飞翔的物体"，而是想"人如果能翱翔于长空，那该多逍遥啊"。

如果一开始就思考"怎么做"，就不会想"虽然迄今为止没人能在天上飞，但是我可以做到"，然后内心就会受到阻碍。

当时周围的人看到莱特兄弟肯定会说："什么？要飞上天？这两个家伙的脑子还真是奇怪。"但是，他们深信自己有无限的可能，认为人类也可以在天空飞翔，所以才能发明出飞机。

不管你设立的目标有多高远，都没有人能证明它不可能实现。

即使以自己过去的经验判断自己不行，也不能成为你现在无法完成的理由。

即使目标是至今都没人能做到的事，也不能成为你无法做到的理由。

把自己跃跃欲试的事情设立成目标，完成的概率会大大提高。

2

在别人身上发现更多可能性

和别人商谈能大幅提高实现目标的概率

为了要把自己跃跃欲试的事情设立为目标，这里还有非常重要的一点，也就是和别人商谈的同时思考目标。

虽然自己独立思索也是很好的，但是和朋友或前辈等对你的事知根知底的人商量，有时能设立更好、更容易实现、更让人期待的目标，完成的概率也能提高。

和他人商量的同时设立目标是非常有效果的，这里陈述三点理由。

和他人商量能让人更加乐观地期待目标

人脑有这样的特质：和他人谈话并一起行动之后会感觉到快乐。设立目标也是，与其一个人考虑，不如和他人一起筹谋，这样能让人更加跃跃欲试，更加乐观地构思目标。

比如休息的时候，你一个人闷在房间里一整天不和任何人说话，会是什么状态？难道不会有些失落，甚至急躁、焦灼吗？

如果这种不和任何人说话的状态持续数日，人的精神会变得恍惚。一些留学生或到国外工作的人有时候会出现思乡情怀，可能是由于语言不通，不能和他人交谈造成的。

相反，就算有一些令人烦恼的事情，自己一般在跟他人倾诉之后就豁然开朗了。

只和他人商量，问题并没有得到解决，但是如果他人能有"明天开始加油哦"这样的想法，自己就会觉得和那个人有共鸣，积极性也会随之提高。

因此，设立目标的时候，最好和他人一起吃个甜点，或者

敢进窄门，愿走远路

在下班后一起喝个小酒，畅谈一下自己想要实现的目标。

当然酒也不能多喝，醉了之后就想不出好主意了，还请注意。

注意到自己意识不到的可能性

和他人商谈的同时设立目标还有一个好处：对方能发现自己注意不到的事情。

下面是旧金山州立大学的心理学家约瑟夫·卢夫特（Joseph Luft）和哈里·英汉姆（Harry Ingham）提出的关于分析人际关系的"约哈里之窗"。它将人际传播中信息流动的地带和状况分为 4 个区域：

开放区（公开）：自己知道且他人也知道的部分。

盲目区（盲点）：他人知道、自己却不知道的部分。

隐秘区（隐私）：自己知道、他人不知道的部分。这些信息有些是知识性的、经验性的，甚至是创造性思维的结果。

延

迟

满

足

未知区（潜能）：自己不知道且他人也不知道的部分。

这里，我想让大家注意的是盲目区。

相信很多人听过这句话：最不了解自己的人就是自己。我们很难发现自己的不足和缺点，同样对于自己的长处和擅长的领域也很难有正确、客观的认识。因为我们总觉得自己的事都是顺理成章、理所应当的。

比如，令人尊敬的长辈或者自己佩服的朋友说："如果是你的话，肯定能做到销售额在 ×× 万日元以上。"你肯定会大受鼓舞、干劲十足吧。

而且不只是受到鼓舞，当他人说"如果是你，肯定能做到"时，你真的会觉得自己不管怎样都能做到。

尽管最初会有"这样的事情，应该没办法做成吧"这样的想法，但被鼓舞后在不知不觉中相信"自己能把销售额做到 ×× 万日元以上"，于是自己胸有成竹地觉得可以做到，结果也往往会变成自己相信的样子。

如上所述，即使是无凭无据的臆断，只要自己相信，就会不自觉地改变态度，根据期望行事，使期望得以实现。这在心理学上叫"自证预言"。

助你一臂之力，完成目标

和他人商谈的同时设立目标的第三个好处是对方可以帮助并支持你实现目标。

比如，你是汽车零售商的营销人员，和你特别尊敬的大学学长商量自己的目标该如何设定，然后设立了很高的销售目标。

这位学长在几天后介绍了他的一个正好想换车的朋友给你，在完成销售目标上助你一臂之力。

当我们和他人商谈并信赖他人的时候，对方会无意间尽力帮助我们，这一点在心理学上叫作"好意的互惠性法则"。对于接受到的恩惠，对方想用同等的恩惠来回报是人类的天性。

好意的互惠性法则中一个典型的例子是跟别人讨论恋爱

的时候，如果和对方互相怀有善意、愿意互相理解，那么两人很容易发展成恋爱关系。

被他人依靠的时候，我们会感到快乐，对对方的期待做出回应是人类的天性，所以我们应该积极地和自己信赖的人商谈目标。

和已经完成目标的人商谈

想要找别人商量设立目标时还有一点十分重要，那就是不要挑错谈话对象。

如果特意找人商量，却听到对方否定的意见和消极的劝告，这样是没办法设立好目标的，甚至还会适得其反。

比如，你正在考虑的是想辞去目前的工作，自己独立创业，如果和家里人商量的话，失败的可能性会比较大。

妻子会担心："要是失败的话，现在的生活该如何维持呢？"父亲会反对："自己创业可不是那么容易的，你好不容

敢进窄门，愿走远路

易进了一家好公司，多少人羡慕，完全没有辞职的必要。"这样一来，自己设立目标时雀跃的心情就像被泼了一盆冷水，然后陷入完全相反的境况中。

家人之所以反对你独立创业，可能是不信任你的能力。不信任你的能力并不是不相信你这个人，只是因为你没有独立创业的经验，所以他们觉得你很可能会失败。

而且，在设立目标的时候要尽可能谨慎地对待悲观的意见，因为如果无法实现的理由非常多的话，那么你的目标就有夭折的危险。

当然也有妻子非常支持先生独立创业，或者父亲本身也是独立开创了一番事业的情况，这样的话，他们作为谈话的对象是不错的。

因此，跟你谈目标设定的人应该是能够不断完成更高目标的人或者和自己志同道合的人。

如果想要增加客户，就请和擅长销售的人商量；想要减肥，就和已经减肥成功的人或者成功让许多人瘦下来的教练交流；

想要上台演讲，就向演讲十分出色的人请教。

　　我很尊敬的营销顾问 A 在还是一名普通职员的时候，和领导说过类似"想取得公司里销售成绩第一"的话，然后领导建议他不要和销售不出去的前辈交流，理由是那些前辈会"传染"他。

　　和积极向上或者满怀梦想的人商谈，会让自己更加斗志昂扬，因为这些人会给身边的人以昂扬向上的勇气。反之，跟消极悲观、满腹牢骚等充满负能量的人商谈，自己的动力也会被拖入谷底。

　　设立下期销售目标的时候，倘若有人让上期还未实现目标的成员开个反省会，我们千万不要加入，一定要和正能量的人一起快乐地设立目标。

3

梦想和目标不能混为一谈

我作为咨询顾问、律师、税务师，有很多机会参与并见证经营者或职员设定目标。当然，我也经常为自己经营的律师事务所思考目标，或者和自己的员工一起设立他们的个人目标。

每当这种时候，我都会让大家乐观地构思。首先设想自己不管有什么心愿都可以实现，然后尽可能多地写出自己的梦想或目标。

之前也讲过，设立目标的时候，先把自己没有才能、没有金钱、没有时间等顾虑都暂时抛到脑后。想象自己才华横溢，金钱和时间等都是充裕的。一定不要给思维设限，自由地思索自己的梦想和目标。比如：

· 营业额突破 1 亿日元。

· 成为某地区最佳店铺。

· 成为最让员工满意的公司。

· 在横滨说到意大利餐厅，就属我们这家最好。

· 成为让同行羡慕的公司。

另外还有工作以外的梦想，比如：

· 在异性中大受欢迎。

· 减肥 5 千克，身材变得更加出众。

· 在公司举办的高尔夫比赛中获得第一名。

· 与丈夫偕老，共享晚年。

· 环游世界。

无论哪个梦想，都是如此美好，如果实现了，必然令人欣喜。但是上面这些例子都把梦想和目标混为一谈了。

很多梦想到最后只能是梦想，但目标不一样，如果能够好好制订行动计划，那么目标实现的可能性会大大增加。

敢进窄门，愿走远路

我一直都觉得自己的梦想可能遥不可及，但目标是触手可及的。我为什么会有这种想法呢？

因为目标有两个特征是梦想不具备的。

可以被验证的是目标

第一个特征是验证的可能性，也就是说我们可以客观地判断目标是否能实现。

比如这两个目标：营业额突破1亿日元和店铺增加50家。

我们是可以通过数据分析客观地判断出营业额是否能达到1亿日元或者店铺能否增加50家的。

而"在公司举办的高尔夫比赛中获得第一名"或者"环游世界"这样的目标是无法客观判断能否实现的。

咱们再来看看这些：成为某地区最佳店铺；成为最让员工满意的公司；在横滨说到意大利餐厅，就属我们这家最好；成为让同行羡慕的公司。

怎样才能成为某地区最佳店铺，什么样的公司才是最让员工满意的公司，都没有明确地指出，所以也没有办法判断能否实现。

"说到意大利餐厅，就属我们这家最好" 或者 "成为让同行羡慕的公司"也是如此，都无法客观判断能否实现。因此，不要让梦想只是一个梦想，要将其变为能够实现的目标。这就需要对梦想稍微加工修改一番，让梦想可以被验证。比如：

要想成为世田谷区健康食品店中营业额第一的店铺，就需要达到10亿日元以上的销售额。

要想成为员工最满意的公司，就要使员工的平均年收入超过440万日元，带薪休假取得率达到70%，提高员工的满意度。

"成为横滨意大利餐厅中网络口碑排行第一位。"

"作为印刷公司，打破20%的盈利增长，让同行叹为观止。"

这样修改之后，不可能验证的梦想就变成了可以客观验证的目标。

"在异性中大受欢迎""减肥 5 千克让身材变得更加出众""与丈夫偕老，共享晚年"这样的梦想亦是如此。

如果换成"交女朋友""减肥 10 千克""每年和丈夫旅行两次"，就变成可以用客观事实验证的目标了，这样目标实现的可能性也大大提高。

另一个目标具备但梦想不具备的特征是"期限"。

据我所知，那些说"总有一天会这样那样"的人是没有下文的。"总有一天"是明日复明日，永远也不会行动起来。

纵有 "总有一天要减肥""总有一天年收入要达到 1000万日元"的想法，但是具体采取哪些行动、怎么改变，都没有计划，那么就只会输给"维持现状偏差"，而自己的行动无限期往后拖延的现实。

另外，如果给目标设定好期限，比如"3 个月体重减去 3千克""35 岁前年收入达到 1000 万日元"，自然会考虑要开始采取什么行动才能达到目标，比如"明天开始拉面不要大份"或者"即使升职，现在的公司也不可能达到年收入1000万日元，还是参加转职活动，多看看招聘吧"。

设立目标的同时如果没有设定期限，就无法实施行动计划

《为梦想填入日期！实现梦想的记事方法》的作者渡边美树是日本餐饮界连锁巨头"和民公司"的创始人，同时还经营着日式酒馆居酒屋。他在书中强调，一个人如果对设定的目标没有截止日期，是什么也做不成的。为了实现更大的梦想，就特别需要为梦想填入日期，并把期限分成区间。

在日本，那些当红的畅销小说家一致认为，写出好的小说的必要条件之一就是确定截稿日期。

稻盛和夫先生在京瓷的哲学中也总结了期限的重要性：要想完成更高目标，就需要我们下定决心在未来的某一个时间段内完成。

然后把目前在自己能力以上的事作为目标，或者当成在未来需要提高的能力。

综上所述，目标的设定需要考虑两个重要因素：

1. 被验证的可能性（可以通过客观事实判断）。

2. 完成期限（"总有一天"是永远也不会实现的）。

4

一件事的完成期限要具体到星期几

把完成目标的期限设置在一年以内，并且越短越好

前面我们讲到，设定目标期限是非常重要的，下面就详细介绍一下如何高明地设定期限。

把目标完成的期限精确到具体的时间点是非常关键的，那么该怎样设置目标的完成期限呢？答案是，把完成目标的期限设置成自己在集中精力的情况下能完成的最短的期限。

你可能认为要实现目标，尤其是要实现一些很难的目标，

敢进窄门，愿走远路

需要给自己充裕的时间，其实并不是这样。

如果从设立目标到完成期限的跨度很长，那么中间就很容易松懈，并且因为兴奋感无法一直持续，反而会降低完成的概率。

正如第一章所讲，人在惬意的舒适区是无法认真起来，也无法成长的。进入学习区，有了适度的压力，肾上腺素就会加速分泌，刺激大脑的觉醒，使人提高注意力，同时运动能力也会获得提升，自己的潜力会最大限度地被激发出来。

所以，我们所说的设置完成期限，是要设置自己在学习区里努力的期限。

比如小学时期要交的暑假作业。暑假一开始就焚膏继晷地完成作业的孩子应该寥寥无几吧。也就是说，如果离截止日期还有很长时间，就不会感到压力和负担，总觉得就算今天不做，还有明天，因此作业的完成度也不会有进展。

然后时间匆匆过，到了暑假最后一周，开学近在咫尺，这个时候才知道不赶紧写完作业就糟了，自然就会进入学习区。

工作亦是如此。

那些能够不断完成目标的人，都会考虑要怎么做才能在最短时间内完成这个目标。

比如定了在托业考试（TOEIC，国际交流英语考试）中取得 700 分这样的目标。首先要查一下最近的考试时间，然后看在距离考试的这段时间里学习是否能赶上。如若赶不上，就查询下一场考试是什么时候。

这样自然而然就会进入学习区，因为设置的目标期限让自己的潜力得到最大限度的发挥。

另外，设置目标完成期限要避免跨度过长。如果距离截止日期的时间非常充裕，就无法构想每日的行动计划。

比如设立了如下目标：10 年间公司的销售额要翻 5 倍。但是 5 年后在卖什么商品，营业额会变成什么样，10 年后员工还有多少人等问题是没有答案的，并且在这么长的时间间隔内，也不能提前设想出来。因此，不管是什么样的目标，完成期限设置得越短越好，就算规划的时间很长，也建议不要超过一年。

敢进窄门，愿走远路

　　虽然也有大公司制订中长期的事业计划，但是稻盛先生在考虑到京瓷集团的经营后还是认为，没有必要制订长期的经营计划。因为就算制订了长期计划，其间也会有无法预料的事情发生。这样一来还要修正计划，甚至还会导致员工士气低落。所以，稻盛先生始终都以一年为期，制订经营计划。

　　当然，在树立远大目标后，即使过了很长一段时间还能持续努力是非常棒的，但是如果能把完成总目标的期限按照每一年划分一个区间，同时设定每个区间内需要完成的目标，这样完成总目标的概率也会随之提高。

在期限中加入"星期"，认真程度会一下子提升

　　在决定目标的完成期限时，有些人考虑得并不多，只想草草了事，所以会定一些诸如"这个月""三个月后""今年内"这样的期限。虽然看起来时间很短，但是不假思索随意设定的期限，依然不会起到任何约束作用。

延
迟
满
足

　　我从自己很尊敬的管理者 H 先生那里学到：决定目标完成期限的时候，不是只需要确定年月日这么简单，最好还要明确到星期几，并记录下来。

　　把完成目标的日子明确到星期几，这样可以反复翻看日程表，让自己清楚地知道距离截止日期所剩的时间和自己要采取的行动。

　　我听了他讲的这些之后，便把"设定完成期限不只是确定年月日，也要加入星期"这一经验告诉了其他人。

　　"即使是小事一桩，我也加入了星期设置，这样我真的会更加认真地对待自己要做的事，实现目标也变得更容易了。"后来我听到了不少这样的反馈，连我自己都很吃惊。

　　另外，把令人期待的目标的完成日期设置在特别的日子，这也是提高完成率的方法之一。

　　比如，设立的目标是到自己生日时要成功减肥 5 千克，那么自己就会更加迫切地想要实现这一目标，因为会把它当作送给自己的生日礼物。

敢进窄门，愿走远路

5

找到和自己延迟满足感在同一量级的人

写下实现目标之后会为你高兴的人

首先要确定到什么时候完成什么目标，然后为提高目标的完成率而努力，这里推荐给大家的方法是写下完成目标时会为你感到高兴的人。

当你完成设立的目标时，自己感觉怡然满足是在情理之中的，但是感到高兴的应该不止你一个人。请想象一下你完成目标时会为你高兴的都有谁，并尽可能地多列出几个。

还要设想一下为什么这些人会为你实现目标而开心，然后把理由一起写出来。

譬如以下面这样的形式记录：

· 不动产公司销售员的目标：

在今年的销售业绩中，拿到不动产中介合同的数量要在部门里排第一。

· 为我高兴的人和原因：

部长——不仅我们部门的业绩提升了，而且他对我有栽培之恩，看到我成长的样子，他肯定会为我高兴。

总经理——签下更多合同，不仅对公司有利，他的业绩也会有所提升。

客户——帮客户找到他们理想中的房子，让客户幸福地乔迁。

妻子——提成增加，就可以去旅游了。

若设身处地将角色换成我自己，那么我会这样考虑：

· 目标：公司未来要成为律师事务所中的代表。

敢进窄门，愿走远路

· 要采取的行动：最近跟 50 位管理者签订顾问合同。

· 为我高兴的对象和原因：

跟我一起工作的员工——我司的营业额和利润增加，员工的工资也会上涨，公司规模扩大、潜力提高，员工也会跟着不断成长和发展。

即将跟我签合同的客户——跟未来要成为律师事务所代表的团队合作，前景肯定一片光明。

已有客户——共享公司的各种运营方式和方法，进一步刺激自己公司的经营发展。

国家——越来越多的公司扩大经营、增加利润，国家税收也会随之提高。这样一来，就能规避财政危机，构建可持续发展的国家。

跟只让自己快乐的目标相比，能让多人高兴的目标会让自己更有动力，完成的概率也会大大提高。

一个人在为了他人的时候，会更加努力。这样说的理由有两点：

延迟满足

第一点是比起为了自己，在为了他人的时候，我们更有目标感。

比如我经常看到这样一群人，他们在结婚时会想着要比以前更努力，让妻子或丈夫永远幸福，或者在孩子出生时他们会想着为了孩子要更努力地赚钱，然后真的会比以前更认真地工作。

当然，想要住豪宅、开豪车、喝好酒诸如此类为了自己的欲望而奋斗的也大有人在。确实，欲望会成为前进的动力，但是一己私利提供的动力毕竟是有限的。

如果不是为了以后长远的幸福，谁愿意放弃自己现有的安稳生活，而去做一些艰难困苦的事呢？

稻盛先生曾说："人都倾向于优先考虑自己，但其实很多人在做对别人有益、让别人高兴的事后会获得更大的幸福感。"

设立目标的时候也是如此，能让更多人开心的利他目标是最好的。

敢进窄门，愿走远路

为了他人努力的同时也会得到他人的协助

设立能让更多人高兴的目标还有一个理由，那就是让更多人开心的目标自然也会得到更多人的帮助。

在创立现在的运营公司——日本电信运营商 KDDI 的头半年间，稻盛先生每天都在反复自问自答，自己这样做到底是与人为善还是为一己私利。他想确认自己这么做的动机不是对名誉或事业成就的渴望，而是发自内心地想要降低日本的通信费用，为国民谋福祉。

我想，人类得以生生不息、构建繁荣，正是因为能够互相配合，有扶危济困的利他行为。

如果是类似于想要游历各地的个人兴趣或私人目标，以自己开心为目的当然没有问题，但是如果是在工作中设定目标，请尽量设定让很多人高兴的目标，这样一来，周围的人也会助你一臂之力。

6

目标过高只会令人毫无动力

让人毫无动力的目标

定的目标并非越高越好，关于这个问题，我有一把辛酸泪，在这里跟大家分享一下。

我们公司的律师每年都会设立个人要完成的目标，各自的目标汇总在一起的数字就算团队努力的目标。

我作为其中一员，告诉大家："不要说能做到的数字，要说出想做到的数字！"让大家尽量设立更高的目标。

我让全体员工合力定下高目标并为之奋斗，如果能做到，

敢进窄门，愿走远路

对大家来说当然都是好事，于是大家都期待不已。谁知一年的目标完成期限过去之后，没有完成目标的人比比皆是，整个团队的成绩也和目标相距甚远。

原因用一句话总结，就是目标设置过高。

虽然乐观地定下令人期待的目标是好的，但如果目标高得让人完全感受不到自己能实现的话，到完成期限前判断出无论如何都无法完成这样的目标，那么到时想的就不是要怎么才能完成，而是反正怎么样都没法实现，得过且过。

这样一来，自己的表现会越来越差，陷入恶性循环。由于没办法完成目标，自己会背上巨大的精神负担，然后从学习区掉入恐慌区，陷入思维停滞甚至无法采取行动的境地。

将目标数字化的方法

为了不将目标定得过高，这里推荐大家把自己所定目标的难易程度用数字表示出来，自己尝试验证一番。

延
迟
满
足

　　假如你是保险公司的销售员，马上要设立下一期的销售目标了。如果这一期自己完成的销售额是 400 万日元，而下一期也跟目前一样，不需要特别努力，也无须采取新的方式就能取得相似的成绩，那么 400 万日元销售额的难易程度就等于 0。

　　假如你的人脉在不断扩展，经过学习之后对公司产品的熟悉程度加深，跟客户会谈的机会变得更多，销售技巧也有所增加，同时运气也越来越好等因素加起来，会让你取得最好的结果。在这样的情况下能拿下 1000 万日元的销售额，那么完成 1000 万日元销售额的难度就是 100（努力加幸运的最大极限）。

　　像这样把目标的难易程度数字化，当难度超过 100 的时候就属于过高的目标，而建立这样的目标显然是不合适的。但是难度在 10 或者 20 的目标完成起来又没有太大的难度，无法让自己动力十足，很难认真对待。

　　所以，在 0 ~ 100 的区间内，要尽可能地设置难度较高的目标，具体一点的话，可以设立难易程度在 70 ~ 80 的目标。在这样的目标下，自己的期待感会持续到最后，完成目标的概率也会随之提高。

这跟锻炼肌肉过程中的负重训练相似。

锻炼肌肉的时候，自己不费吹灰之力就能举起的杠铃，就算举很多次，也不会给肌肉足够的刺激，肌肉是不会增长的（舒适区）。

增加适度的重量后，在举起杠铃时肌肉会感到压力，原有的肌纤维撕裂，长出更粗壮的部分（学习区）。

之后再慢慢增加杠铃的重量。

而如果从一开始就挑战过重的杠铃，自己硬着头皮上举，很可能会因为负担过大而受伤（恐慌区）。

所以，凡事都要有个度，过犹不及，要紧贴恐慌区边缘的学习区设定目标。

3 个月前就要定下目标

最后，这里介绍一下关于目标设定的时间。

延迟满足

设定目标之后，接下来就是在第三章阐述的实现目标的第二步——制订实施计划。

在做第二步时需要考虑所有可能出现的情况，进而慎重地制订行动计划，也就是上文说的"悲观地计划"。

这里可能发生以下的状况：这个目标比想象的难度要大。

在这种情况下需要再次审视目标，重新制订实施计划，这样一来，从制订到开始实施，怎么也要花点时间。

比如面对下面这样的挑战：

· 设立下期的销售目标。

· 决定 30 岁前的最后一年应该做的事情。

· 决定夏天到来之前的减肥目标。

完成的期限要提前决定，虽然设定目标和实施计划也需要花时间，但是完成期限不能因此后延。

所以，要规划从开始设想到最终确定目标的时间，务必要尽早开始构思目标。

那些每年都能不断超越自己所定目标的人，他们在目标设定方面其实是有共通之处的，即很早就开始构思下一年的目标了。

比如在 3 月底做决算的公司里，可能很多人在 3 月份排满了完成年度预算的计划，根本无暇顾及下期的事情。到了 3 月末或者 4 月初才开始考虑下一期的目标。

像这样新的一期已经开始才为这个时间段设立目标，势必无法深入构思、无法制订详细且缜密的计划，因此很可能出现类似这样的情况：因为这一期没有完成任务，下期就以同样的目标作为奋斗吧；或者这期是这样，下期的销售额能增长 10% 就算不错了……

我经营的 P 公司在这方面是一个模范，我让大家在 3 月底决算前就开始做下一期的预算。在乐观地构思之后再制订详细且周密的实施计划，如果知道目标定得过高，就再重新构想一次，在 3 月底前完成目标的设置。

像这样不能推迟完成期限的目标，就要早点着手构思，这是提高完成率的窍门。关于设定目标的方法就介绍到这里。

延
迟
满
足

- 设立让你跃跃欲试的高目标。

- 和完成类似目标的人商谈。

- 设立可被验证并且有完成期限的目标。

- 完成期限要具体，不要过长。

- 设立一些完成之后很多人都会高兴的目标。

- 目标不可设置得过高。

　　如果你设定的目标也满足上述条件，那么你完成目标的概率会大大提升。下一章会介绍从制订实施计划到完成目标这一阶段该怎么做。

THREE

chapter 3

用结果倒推法让每一步清晰可见

1

中间目标是倒推的根本

至关重要的中间目标

设立好了令你兴奋的目标之后，下面就要制订具体的实施计划了。

制订行动计划的起点是从你想要获得的结果开始彻底地往前倒推。

倒推包含时间上的反推（中间目标）和领域上的反推（分成条目），其中时间上的反推是整个倒推过程的基本。

例如，目标是要在 3 个月内盖好自己的房子，现有如下

用结果倒推法让每一步清晰可见

倒推步骤：

· 最后的一个月要完成内部装修和门、墙等结构——要达到这个程度需要做什么。

· 中间那个月要立柱子和搭建屋顶——要达到这个程度需要做什么。

· 第一个月需要完成哪些基础工事。

像这样将完成目标需要的总时间分成若干区间，每个区间应该要达到的状态就叫作中间目标。

平时工作中也是如此，如果这周必须写好演讲报告，那么今天就要完成到什么程度。自己对比截止日期和现在的进展状况，然后设定中间目标。

在制订行动计划的时候，首先考虑中间目标的理由有两点。

第一点是为了明确前进的方向。

特别是当距离目标最终完成期限还有很久的情况下，如果没有中间目标，就很容易不知道该从何处开始，也会有走错方向的风险。

例如，别人对你说让你从自己家去非洲的乞力马扎罗山。你肯定会头脑一片空白，不知道第一步该做什么。

乞力马扎罗山位于非洲的坦桑尼亚。要去坦桑尼亚，可以在肯尼亚的内罗毕乘坐坦桑尼亚的精密航空公司的飞机。要去内罗毕，可以在泰国曼谷乘坐肯尼亚航空公司的飞机。要去曼谷，可以从成田机场直飞。这样的话，要去乞力马扎罗需要从成田机场乘坐飞机再换乘两次便可。

像这样根据一个个中间目标，可以明确先从成田机场出发的大方向。

中间目标如果设立得过于草率或者细如牛毛，都是不行的。从最初到最终需要的这段时间，最好划分为 3 到 8 个区间，并分别设立中间目标。

我们举一个更实际的例子。如果一个连 3 千米都没有跑过的人，决定要在半年后跑完全程马拉松，那么他应该怎么做？

从半年后开始往前倒推，可以这样计划：马拉松全程是

用结果倒推法让每一步清晰可见

42.195 千米，从比赛当天开始往前推的那一个月（第 5 个月）要能跑完 30 千米；这样的话，再往前推一个月（第 4 个月）目标是能跑完 20 千米；要达到这个目标，开始练习的第三个月需要完成 15 千米，第 2 个月要能跑完 10 千米，第 1 个月要能跑完 5 千米……

最初的一周，从 30 分钟的走路开始锻炼基础体力，然后慢慢延长走路的时间。把连续走 60 分钟作为第二周的目标。定下类似这样的目标后，每日要做的事情就变得清晰了。

超越中间目标是完成整个目标的动力

设立中间目标的另一个理由是完成中间目标之后会心情大好，这样也容易维持朝着下一个中间目标前进的动力。

比如立下了为半年后马拉松大赛锻炼体力的目标，奈何目标无比遥远，很可能会导致自己意志消沉。但是如果能连续走 30 分钟、60 分钟，到后来可以慢跑 3 千米，之后又完成了慢跑 5 千米的中间目标，就会感觉自己离最终目标越来越近。

很多公司会把年销售目标再细分为月销售目标或者季度销售目标，为的是提高每年销售额的完成率。这样的管理划分方式已经非常普遍了。

如果是一整年的大目标，可分为每个月的目标；如果是每个月的目标，可分成每周的目标。

比如定下了目标——5 个月要减肥 5 千克，那么可以再设定类似下面这样的中间目标：

· 第 1 个月减肥 2 千克。

· 第 2 个月减肥 1 千克。

· 第 3 个月减肥 1 千克。

· 第 4 个月减肥 0.5 千克。

· 第 5 个月减肥 0.5 千克。

可能很多人会觉得 5 个月减肥 5 千克的话，每个月减肥 1 千克就好，这样是不行的。因为减肥的时候，最初是比较容易瘦下来的，但如果一直重复同样的减肥方式，体重会越来越难

　　减下来。因此，设立的中间目标是第一个月减掉 2 千克，最后两个月每月减掉 0.5 千克就可以了。

　　设立营业额的目标同样有窍门。

　　比如，设立了新产品上市 3 个月后要卖出 1 万件的目标。最初销售的时候商品的认知度还很低，促销虽然费工夫，但是可以让消费者认识产品，打开销售局面。

　　在这样的情况下，为第一个月设立的中间目标不应是销售的数量，而应是提升商品认知度。

　　为完成最终目标，要考虑在中途按期限分别需要达到什么样的状态，然后设立什么时候需要完成到什么程度这样的中间目标。

2

结果倒推法的两个必备要素

复杂目标要分成几个领域

设立了中间目标后，先想一下要完成这个目标需要做什么，如果思路清晰的话，可以马上着手制订行动计划。

而光设定目标是不够的，如果完成目标的条件和因素十分复杂，即使设立了中间目标，也还是会在面对如何实现的问题时毫无头绪。

在这种情况下，有必要将目标细分为几个领域。

斟酌实施计划时需要彻底地从目标开始反推，这里可以把

用结果倒推法让每一步清晰可见

时间的反推作为中间目标的横轴，把领域的反推作为纵轴。

为实现目标采取的必要行动可以按照领域细分，并一一制订行动计划。

下面举几个简单的例子先介绍一下细分的方法。箭头前面是领域，箭头后面是细分后的行动计划。

减肥的目标：5 个月内体重要减去 5 千克。

· 限制摄入卡路里→限制糖分的摄入，减少喝酒、聚会，晚上 9 点之后不再吃东西。

· 增强消耗卡路里→慢跑、肌肉锻炼，提高代谢。

理发店的目标：今年的营业额比去年提高 1.5 倍。

· 增加客户量→在网络上打广告，让老客户帮忙介绍新客户。

· 提高每位客人的消费额→推荐客人烫发、染发，延伸出售卖洗发露或化妆品等业务。

饭店的目标：利润比去年翻 1 倍。

· 增加工作日期间客人的数量→更新饭店主页，打造成

081

网页评分高的餐馆。

· 提高休假日每位客人的消费额→修改价格，推出限定版特别菜单。

· 缩减原材料采购费→更换供应商，洽谈新的批发价。

我们一起看一个更复杂的商务领域的例子。

比如，保险销售员设定了新一年的销售额要达到1000万日元的目标。但因他经营的保险各式各样，客户又种类繁多，所以很难想出要实施什么样的行动计划才能实现这样的目标。

在这种情况下，要把销售额的中间目标按照保险的种类、客户的性质以及合同的类别分解一下。然后针对各个目标数值分别设立要完成的中间目标。

例如，针对一年1000万日元的销售目标，中间目标可设置为每过3个月分别要完成200万日元、400万日元、650万日元、1000万日元。

另外还需将领域细分，并分别设立中间目标。

用结果倒推法让每一步清晰可见

· 商品种类（人身保险还是财产保险）

· 顾客种类（客户是法人还是个人）

· 合同种类（已有客户延长协议还是新合同）

像这样按照细分的种类设定中间目标，再针对每一个中间目标设置重点，就容易制订最合适的行动计划了。

以上面这个例子来说，金额占比例高的是法人客户所购买的人身保险新合同，能否多签下这种合同是目标完成的关键。

于是，制订行动计划就有了明确的目标，比如尽早为保险期限将满的客户介绍产品并续约；面向法人召开关于资产运用的研讨会，增加新客户等。

具体来说，对于领域细分并没有一成不变的规则，要根据实际情况考虑行动的特征，明确行动方向并根据细分类目分别制订行动计划，这样也更容易把握优先程度。

就上面这个例子来说：

· 商品种类（人身保险是推荐难度更大、带来效益更高的产品；财产保险对于有房产或汽车的人来说，推荐难度较小）

· 顾客种类（法人客户重视产品内容，个人客户重在推销）

· 合同种类（把已有客户延长协议看作不能丢失的守城营销；把重视和新客户的会谈数量看作攻坚营销）

有了上述分析，应该就更容易分析行动计划实施的难度和对结果的影响了。

3

制订只要去做就一定能成功的计划

计划行动而非计划结果

在制订行动计划的时候有一条规则需要注意，行动计划是为那些只要去做就一定能成功的事情而设定的。如果不重视这条规则，就无法制订出成功率高的行动计划。

假设人寿保险的推销员设定了"月销售 3 份累积式人寿保险，年销售 36 份"的目标，下面就以这个为例来说明分析。

为了这个目标，这位推销员制订了如下行动计划：

1. 每月认识 20 位总经理并交换名片。

2. 举办关于资产运用的研讨会，并邀请 30 位总经理参加。

这样的行动计划其实是比较危险的，为什么这样说呢？

因为即使每月想和 20 位总经理交换名片，也不能保证自己能认识 20 位总经理。即使举办研讨会，也不知道邀请的那 30 位总经理是否会参加，因为这取决于对方的兴趣和日程安排。

为只要去做就能成功的事情制订行动计划

也就是说，这样的情况下不是要制订上面提到的两个计划，而是要把这两项作为中间目标，再重新制订只要去做就必然能成功的行动计划。

中间目标 1：这个月认识 20 位总经理并交换名片→ 行动计划：这个月参加 3 次经理交流会，和所有初次见面的人交换名片。

中间目标 2：下个月举办关于资产运用的研讨会，邀请 30 位总经理参加→ 行动计划：（1）给交换过名片的 800 位经理发邮件，介绍该研讨会并邀请对方参加。（2）提前一个月给在这方面有潜在需求的 50 位经理打电话并直接邀请。

虽然结果是没有办法选择的，但是目标可以通过选择自己的行动来实现。因此"每月和 20 位总经理交换名片"这样的结果是不在控制范围内的，但是可以下功夫每月参加 3 次经理交流会。

如果以"初次见面，还请允许我说几句话"这样的问候开场并交换名片，应该不会被对方拒绝，这种和第一次见面的所有人交换名片的行为也就顺理成章了。

中间目标 2 也是这样，邀请这些人的方法决定了能否实现目标。

提升行动计划的精度

行动计划是由各个中间目标决定的。如果中间目标是需要每个月设立一次的话，那么这些目标有必要保持同样的精度。

为什么这么说呢？不仅是因为眼前的事情很难计划构思，而且就算开始实施计划后，也经常出现中间目标无法按计划进行而不得不修改接下来的行动计划的情况。

对于一个月以后的行动计划，先粗略构思个大概也不错，但还是应该把重点放在要完成最近的中间目标所要采取的行动上。

而特别重要的一点是要写出今天和明天具体要做的事情。

例如，刚才的中间目标——下个月举办关于资产运用的研讨会，邀请 30 位经理参加。如果没有找到合适的研讨会会场并做好预约的话，就没办法邀请别人参会。

所以，要分析事情的轻重缓急和优先顺序，并考虑详细的行动计划，顺序应该如下：

用结果倒推法让每一步清晰可见

· 在网上搜索可以预约的开会场所，把所选会场的数量范围缩小在 3 个以内（今天完成）。

· 打电话给候选的 3 个会场预约（今天完成）。

· 预先看好会场并决定到时候开会的场所（明日完成）。

· 写好关于研讨会的邀请邮件（明日完成）。

延
迟
满
足

4

如何应对那些完全超出计划的意外

行动计划要如试卷一样反复检查

确定了令人跃跃欲试的目标并考虑好了行动计划之后，大部分人会迫不及待地要马上实施。

但是，那些擅长完成目标的人会反复思索自己的计划有没有百密一疏之处。

你可以把他们的行动计划想象为考试中的试卷，在提交之前总要检查一遍。

这里需要着重注意的一点是，我们制订的行动计划是不是

用结果倒推法让每一步清晰可见

以自己的精力、体力和运气全部在最佳状态为前提。

正如稻盛先生所说，在完成目标的第二步——策划行动计划的时候，需要悲观、慎重地对待。

实现目标的道路和人生之路一样有 3 种轨道：

第一种是做什么都乘风破浪、直挂云帆的"上坡路"。

第二种是做什么都逆风逆水、时运不佳的"下坡路"。

第三种是突然发生令人措手不及的事情，继而"原地踏步"。

满怀期待地确立目标后，又在这种情绪的驱使下制订了行动计划。有人构思的是一切都按照理想状态进行，处处是"上坡路"的行动计划，但现实是没有万事如意这种理想状态的。

我由于从事律师工作，见过很多人掉入"万万没想到"的深渊。

比如一个建设公司的老板，客户破产后，他的赊销货款无法收回，自己公司也跟着倒闭；一个餐饮店的老板，他的员工违法携带公司钱财逃走，让他陷入绝境；由于天气反常，水果减产，已经收下定金的农民交不出货；老客户突然破产，丧失大客户的同时，公司对销售目标完成的规定会更加苛刻；自己正想着这周跟 10 个客户约好了见面，然而流感暴发只能待在家，没办法出门；等等。相信不少读者都经历过突如其来、令人措手不及的事。

试着仔细回想，每年都有一两次这样的事情发生在我们身上。

正因为人算不如天算，所以要未雨绸缪，认真、慎重地想象所有可能发生的事情及对策，然后在制订行动计划的时候留有余地。

悲观地计划要做到这样的程度：每 4 次行动中可能就有 1 次无法完成目标。

要先想好可能出现的意外状况，然后再制订行动计划。例如：

中间目标：下个月月底举办关于资产运用的研讨会，邀请 30 位总经理参加。

行动计划：

· 给已交换过名片的 800 位总经理发邮件，介绍研讨会

用结果倒推法让每一步清晰可见

并邀请对方参加。

· 特别要给有这方面需求的 50 位总经理提前一个月打电话并直接邀请。

在这个例子中，如果有 30 位总经理参加就算完成目标的"上坡路"计划，把没有按照计划招揽到客户这样的"下坡路"情况也考虑在内，就可以制定一个预备方案：如果开会两周前同意赴会的客户还不到 20 人的话，再通过社交软件联系或再发一次邮件通知大家。

再进一步设想，开会当天还有可能大雪纷飞，不得不取消会议，像这样从天而降、令人猝不及防的事也不是不可能。

因此，如果计划是一年内开 4 次研讨会，制订的行动计划也要留有余地，4 次中若有 1 次取消，也保证自己能完成目标。这样才是"悲观地计划"。

精于理论和计算又思虑深远的人会比积极乐观的人更擅长制订细致而周密的计划。

我也属于容易焦心劳思的性格，参加司法考试前为了准备正式考试的 60 道题，我做了 1 万道模拟题和历年的真题，另外又担心考场上受到周围嘈杂环境的影响，我还准备了耳塞。还有为了参加马拉松，我在比赛前跑了两次 42 千米。

当然，在计划的阶段如果过于谨慎、如履薄冰也不好。完成目标之路如果有 80% 左右是顺风顺水的上坡路，那么必定有 20% 是下坡路或突如其来的变故。若以这样的方式构思行动计划，是比较恰当的。

对于极度乐观的人来说，如果自己想象不到下坡路或者有什么防不胜防的意外，可以找认真、仔细的领导或同事，让他们替你检查一下所制订的行动计划。

稻盛先生说："行动之前，请仔细设想每一步，直到完成目标这件事已经没有悬念为止。"

越是慎重地制订周密的计划，越能自信地迈向第三步——实施计划。

5

要有所为，也要有所不为

如果不去决定自己不做的事情，那么结局就不会改变。

最终目标令人兴奋，中间目标已确立，行动计划也没有问题，但是有时候还是觉得完成起来很难。

这就是行动计划安排过多的结果。

比如制订了如下计划：每月参加 3 次与管理者的交流会，并且跟初次见面的与会者交换名片。

该行动计划是为了跟很多管理者成功签订合同，首先要认识他们而制订的。这本身是没错的，而且制定这个方案的人也有动力完成目标。

延
迟
满
足

然而实际上：

· 应该参加交流会的那天自己的日常工作没有完成。

· 通知大家参加交流会的电话还没有打。

· 最近一直加班，每天回家的时间都很晚，自己已经身心俱疲。

· 为了健康还要做运动，和同事约好每周下班踢一次室内五人足球，这个不能爽约。

因为以上种种，制订的所有行动计划只能半途而废，这样是不可能完成目标的。

如果你每天忙忙碌碌，还依然想着这个也做、那个也来，不断追加行动计划，这样导致的结果就是所有的计划可能都要泡汤。

因此，如果已经制订了完整的行动计划，就有必要决定哪些事不做。

· 为了确保练习高尔夫的时间，就要减少看高尔夫电视节目的时间。

用结果倒推法让每一步清晰可见

· 为了确保每天早上学金融知识的时间，就不要看电视剧到深夜了。

· 为了每周读一本书，就不要骑自行车上班，改坐电车，这样可以在车上看。

像上面这样，决定了要做的事情，就要决定在同样的时间段内取消一些事情。

如果没有确定自己不做的事情，即使在任务交叉重叠的时候，也要冷静地选择完成优先度更高的事情。但这样其实很难朝理想方向前进：

· 周末有托业考试，但是没忍住又看了两眼电视节目。

· 1小时后要交计划书，收到了邀请自己参加酒会的邮件，先回复了这封邮件。

像这样，人脑是不会按照客观的轻重缓急排序，而是感情用事，判断自己想做和不想做的事情。

延
迟
满
足

用肯定的形式表达不做的事情

有一种技巧能欺骗我们的大脑，那就是把不做的事表达出来。比如：

· 为了保证睡眠时间不熬夜。

· 为了不浪费时间，不花太多精力在社交网站和社交软件上。

· 酒会不去第二轮。

但如果把不做的事情用否定形式表达，大脑会产生一种在忍受什么的消极感觉，所以可以换成如下方式：

· 为了保证睡眠时间不熬夜→每晚 12 点前上床睡觉。

· 为了不浪费时间，不花太多精力在社交网站和社交软件上→社交网站和软件只在通勤路上关注。

· 酒会不去第二轮→晚上到了 10 点就回家。

像这样，"不做的事情一览表"就变成了"要做的事情一览表"。表达的虽然是同一件事情，但是换种说法，就变成了

用结果倒推法让每一步清晰可见

积极地朝着目标前进。

比如 D 经理是我的客户，他年轻时极爱喝酒，我以前有好几次跟他约着喝酒喝到深夜的经历。

但是 D 经理自从决定让公司上市那天就完全戒酒了，他把喝酒的时间都花在工作和睡眠上了。他的决绝和彻底，我都看在眼里，就这样短短 3 年他就实现了将公司上市的大目标。

直到现在 D 经理也是滴酒不沾，正在朝着下一个目标一往无前。

我是律师事务所的法人代表，同时被多家企业外聘，最近也成立了税务师事务所和企业经营管理公司并担任法人代表。我很幸运，每天都过得充实又忙碌。我是易胖体质而且又是吃货，所以工作之余我都会适度运动。

现在因为多了一种让我兴奋的使命感——要写完这本书，而且优先度很高，所以我抽空写这本书的同时势必要放弃一些事情。

所以，我现在会控制和客户的聚餐以及自己去健身房的时间，另外还会减少一点睡眠时间，当然也是因为有截稿日期的限制。

每次接受新挑战的时候，我都要想一下目前在做的事情中要放弃哪些，已经习惯成自然，以至于我已经不觉得自己是在克服什么了。

6

一直向前看，不满足于当下和已有成绩

告知周围的人后会激发潜意识

将你的目标细分为中间目标，行动计划尽量在第二步就基本完成。

只是这里还有一点希望大家可以做到，那就是把自己的目标告诉他人。

可能有人不想让其他人知道自己的目标，或者想先不告诉别人，等到完成之后再公开。但如果公开目标，完成的概率会意想不到地提升，这里列举3个公开目标的效果。

延
迟
满
足

　　第一是能激发自己的潜意识，让自己茅塞顿开。

　　你有这样的经验吗？自己在认真思考新的计划，突然在走路的时候有了好想法，或者碰巧报纸上刊登的新闻报道对你产生启发。

　　像这样把目标说出来或者形成文字时，该目标就悄悄进入了你的潜意识，之后的灵光乍现或者在行动上受到影响其实是"启动效应"，即在受到某一刺激的影响后，会使以后对同一刺激的认知和加工变得容易的心理现象。由于之前的经验，大脑对于该刺激的联系反应常常是在潜意识中进行的。

　　哈佛大学对这个现象做过一项研究调查，在这里介绍给大家。

　　研究人员向学生们提出了这样一个问题："你们对自己设定过目标吗？"当时学生回答的情况总结如下：

　　·84%的学生没有任何目标。

　　·13%的学生虽然有目标，但是并没有写下来（只把目标记在心里）。

· 3% 的学生有目标并且写在了纸上（把目标公开）。

10 年之后这些学生都毕业并开始工作，研究人员追踪了当时调查的学生。令人意想不到的是，当时把目标写下来的那3% 的学生，平均年收入竟是其余97% 的人平均收入的 10 倍之多。

稻盛先生说过，即使在睡梦中，潜意识也在运转并发挥作用，所以抱有强烈的愿望是实现高目标的秘诀所在。

公开说出目标等于断了自己的后路

将目标公开的第二个效果是给自己施加压力。

比起自吹自擂，可能大家更敬佩淡定、谦虚，默默把事情做成的人。但是说起来可能不太好听，默默执行而不发声的人会更容易懈怠。

比如，一个销售员下定决心今年的销售成绩要在公司排第一，但是没有公开自己的目标。考核期临近，但是距离目标还有很大距离，他就会这样安慰自己，"我定的目标太高了""就算不是第一，能挤进公司前 5 名也已经非常不错了"。

最终结果就是被"维持现状偏差"拦下，甘心待在舒适区。

那么，如果公开声明自己的目标呢？可能就是另外一种情况了。

尽管考核期临近，距离目标还有很大距离，但自己已经没有退路，必须背水一战。之后自然就会想到"这个月还要签下 5 份合同，下个月还要再签下 10 份""试一下电话推销吧""拜托前辈给自己介绍几个客户"诸如此类的方案，不到最后是绝对不会放弃的。

这样自然就能跨越"维持现状偏差"造成的阻碍，从舒适区进到学习区，从而发挥出最佳的执行力。

一个很有名的例子是在美国超级棒球联赛中打破多项纪录的铃木一朗，他在小学六年级的作文中写下了这样的话："我的梦想是成为一流的职业棒球选手……如果我成了一流的球员出场比赛的话，我要给那些曾经照顾我的人送招待券，让他们帮我加油，这也是我的一个梦想。"他对于自己的目标一直是公开声明的，永远将自己置于学习区不断成长。

公开之后会有人相助

公开目标的第三个效果是周围的人能支持你，甚至有时候还会助你一臂之力。

比如你体检检查出自己有代谢症候群，于是下定决心要减肥。但是你没有告诉妻子，于是晚上吃饭时剩了饭，她的脸上就写满了不快："辛辛苦苦给你做的饭还剩下了，以后都不想再做了。"

相反，如果你事先声明为健康考虑，自己要减肥，可能妻子会制定一份减肥食谱来支持你的目标。

当然，要想获得周围人的帮助，你的目标得是完成了能让很多人开心。

例如，你公开的目标是这个月代理 20 个案件，动机是获得总裁奖引人瞩目，或者获得特等奖金买下自己心仪已久的手表……这样只是为了满足一己私欲，周围的人也会觉得你是一个自私的人，还哪里谈得上协助你完成目标，甚至还会对你的目标轻视、嘲讽。

但是，若目标是想让更多的客户了解你所在公司优秀的服务，或者为公司的年度目标尽自己的一份贡献，这样一来，公司的前辈可能就会有好的建议告诉你，或是其他部门的同事给你介绍潜在的客户。

如果目标并不只是为了自己，而是能让很多人都高兴的事，你就会发现不只是自己在努力为之奋斗，周围的人也会帮助你。

肯定有人觉得将自己的目标公开，一旦没有完成就太丢人了。其实即使你没能实现自己所定的目标，周围人也不会觉得你在他们面前出了丑。因为如果你已经为了目标竭尽全力，他们反而会为你的勇气和努力鼓掌。

我有个同事 F，他很喜欢田径运动，虽然已经过了 40 岁，但还是参加了世界大师田径锦标赛并在亚洲和世界的比赛上获奖。

F一向会在社交网络上公开说出自己的目标——这次比赛我一定拿金牌！目标时间是××秒！

结果自然是有能完成的时候，也有没完成的时候。周围的同事都知道F在下班后还坚持高强度的训练，不管他取得什么样的成绩，大家都非常真诚地支持他："下次的比赛希望你继续加油啊。"

很多人觉得在社交网络不能公开目标或者发表豪言壮语，而是要写已经成功实现的事。但是F这样言出必行、勇于挑战的样子却引起很多人的共鸣，他们纷纷给F加油，然后F也越发努力，产生了互相影响的作用。

设定了目标就一定要公开，比如：

·公司在会议中讨论举办演讲会招揽客户的方法，你可以公开说："我来招揽1000人！"

·公司的年会上你对全体员工说："今年一定要达到公

司销售成绩最佳！"

· 早会上跟一个部门的同事说："这个月我要每周两次上班前在咖啡厅读关于营销的书。"

· 在社交网络上跟朋友说："在梅雨季结束前，我要减肥 3 千克！"

不管什么形式都可以，请你试着公开自己的目标。当完成目标的念头进入潜意识后，完成的概率势必会提高。

方法很简单，在纸上写下如下 7 个方面就可以。

1. 要完成的目标（预计可能完成的事）

2. 完成期限（添加具体星期）

3. 会为你实现目标感到高兴的人（尽可能多写一些）

4. 设置里程碑或把中间目标细分

5. 为完成中间目标的行动计划

6. 为实施行动计划决定"不做的事"

7. 公开要完成目标（最好写下来）

FOUR

chapter 4

静下心来做有长期价值的事

1

循序渐进，从易到难

如果目标是跑马拉松的话，第一步是买鞋

即便开始实行计划，有时候过程并不如想象的那样顺利，心生动摇、中途放弃的情况也屡见不鲜。

所以，本章就是要介绍如何保持一往无前的动力，在进展不顺的时候如何调整前进轨道。

首先，要从很容易就能完成的事开始迈出第一步。

无一例外，大家在实施计划的第一天都是精神振奋的。学生时代刚加入社团的时候，毕业后刚进入公司的时候，或者被

静下心来做有长期价值的事

选入项目成员第一次开会的时候，等等。开始挑战的时候大家会下意识进入学习区，动力高涨。

刚开始挑战，不要马上给自己当头一棒，要先选择不会失败的行动计划来实施，不断积累成功的体验。

最简单的行动计划是指：

1. 行动方法清楚明了。

2. 确实可行的事情。

3. 绝对不会失败的事情。

例如确立了半年后跑完马拉松的目标，最初的行动计划不应该是在家附近慢跑，而是更简单的，比如去体育用品商店，买下合适的跑步鞋。

1. 在网上一查商店的位置就立刻清楚了。

2. 不知道该买哪双，就听店员推荐，即使没有专业知识也可以实现。

3. 同在家附近慢跑受自己的身体条件、心态和天气影响不同，去店里买鞋绝对不会失败。

延
迟
满
足

在工作中确立的目标也是一样。

确立的中间目标，比如是在交流会上交换名片，拓展自己的人脉。那最初的行动计划定为"找3场可以参加的交流会"或者"申请参加经理们可能会出席的交流会"就很好。

另外，如果做电话推销的话，最初的电话应该打给自己认识的人。

告诉周围的人自己已经完成的事情

像这样有个好的开始，之后只坚持一周就可以，然后继续执行其他的行动计划。

一周的期限在这里是重点。

为什么这么说呢？因为人如果采取同目前相反的行动和习惯，要放弃目前已经习以为常的事情，会经历"兴奋→压力→驯化→习惯"这个过程。

静下心来做有长期价值的事

第 1 天：

开始接触新事物，觉得新鲜有趣，虽然不轻松，但也很刺激（兴奋）。

第 3 天左右：

行动开始改变，但是感觉繁重又令人讨厌，想回到起点（压力）。

第 7 天左右：

最初虽然麻烦，但是渐渐习惯了，每天都这样也不坏（驯化）。

第 14 天左右：

到此已经习惯新事物，反而是回到起点会不适应（习惯）。

在工作上有变动或者开始新项目的时候，都必定要经历这个过程。虽然最初面对新环境会紧张，会感到压力，但是不知不觉习惯以后就会成为自然。

在日本有"三日和尚"的说法，是指出家后无法忍受修行之苦，过了 3 天就还俗的僧人。最初确立目标的时候虽然会兴奋，但是很多人会在3天内感受到压力。然而，大脑会在第7天开始慢慢习惯，所以在这之前千万别放弃，这一点是非常重要的。

想要告诉大家的是，不管我们定下的是什么样的目标，在奋斗的路上肯定会遇到压力和阻碍，在大脑开始习惯之前千万别放弃，一定要坚持下去。

最初的障碍到来的时机大约是在整个完成期进行到5%的时候。对于那些不太自信，觉得自己不能突破最初5%的人，我有一个建议，那就是不仅要把目标公开，连实施的行动计划也要公开。

这个方法我自己试过，确实很有效。我也教过很多人，他们都觉得这个方法不错。

比如公司要参加医院改造的设计比赛，自己需要为公司的设计方案准备报告材料，你可以这样向领导报告：今天设计了两个提案中的A计划，设计了基础部分，明天设计一楼到三楼的部分。

又比如在准备马拉松比赛的情况下，在社交网络上发布

静下心来做有长期价值的事

"两天连续跑了 10 千米，明天继续早起晨跑！"等状态，都是不错的方法。

像这样公开自己已经实施的行动计划，就会想要继续报告明天的计划。

只要熬过最初的一周，再实施后面的每一步行动计划就会习惯成自然。

然后过去两周以后，心理状态就会从"今日也要做，压力好大"变成"已经定好的事不做好有压力啊"。

最初的一周里，"维持现状偏差"会想方设法将我们拖回舒适区，但是过两周左右，我们就会适应学习区，并能感觉到愉悦。

那些晚上睡得很晚，早上还能起来学习的人，或者那些非常忙碌但依然坚持健身、保持体型的人，他们并不是意志力强，而是习惯了自己的行动计划。如果不按照平时的习惯来，他们会有很大的压力。

2

进展不顺利时，量先于质

相对于质，要更注重量

前面已经多次提到，在实现目标的过程中要乐观地构思、悲观地计划、乐观地实施。

实施行动计划时，一次次跨越中间目标，一点点积累成就感，将每日的辛苦转换为喜悦，就可以完成目标。

当然，现实中一鼓作气实现目标是理想的情况，但通往目标的道路很少能一帆风顺，往往是既有幽深、迂回的峡谷，也有崖壁陡峭。

静下心来做有长期价值的事

我们常常感到不安，会发出"这样真的可以吗？""这种状态持续下去可以完成目标吗？"等疑问，于是越发不能乐观地实施计划。

当陷入这种僵局时，最好的处理方法是别管那么多，先增加行动量。

其实成功的反面不是失败，而是不行动。

当事情进展不顺利，和计划的不一样时，哪怕稍微牺牲一点质也可以，先试着追求一下量。

到这为止，我已经分别跟大家讲过制订行动计划以及实施计划的步骤了。

但是，现实中并不是非要完全制订好行动计划才可以开始实施，制订行动计划和实行本身经常是同时进行的。

也就是说，首先考虑为达到最初的中间目标要采取什么行动，并尝试执行。过程有可能跟预想的一样，可以顺利实现中间目标，当然也可能不尽如人意。

当进展不顺利的时候要分析是哪里出了问题，为更好地实现下一个中间目标修改行动计划，直到完成终极目标。这种分析和修改要不断重复进行。

为了实现目标，下面这四步"plan（计划）→ do（执行）→ check（检查）→ action（调整）"是要不断循环的，这种操作模式被称为 PDCA 循环（也称戴明环）。如今这种循环在商业领域已经被作为一般规律而广泛使用。

你可能会认为那些擅长制订计划、第一步计划做得好，那些爱思考、富有创意的人更容易实现自己的目标，其实并非如此。

所有善于实现目标的人无一例外都是频繁地穿梭在执行和调整之间。

拿棒球来举例，比起棒球安打对全部击球数的比率，更重要的是打席数（击球员完成一次打击的次数），要在每次失败的时候增补完善的方案。

我周围将自己公司实现上市的总经理们无一例外都是这样的类型。

静下心来做有长期价值的事

增加自己可以控制的行动量

如果出来的结果不尽如人意，大家在思考如何改善行动方案时，增量或许能给你启发。

也就是说，当我们按照计划行动却没办法完成中间目标时，可以通过增加行动量来克服眼前的障碍。正如前面所述，即使牺牲一点质也没有关系，采取大量的行动会有更好的结果。

我有一个朋友O，目前在保险公司担任销售经理。他入职的时候有一段时间无论如何都接不到合同，心理上非常受挫。但是他后来不再数自己签下多少合同，而是计算自己被拒绝的合同数量。相对于质，首先把注意力放在量上。

最终能否签订合同这个结果是客户决定的，自己是没办法控制的。我们可以做到的只是表达希望对方能与自己签订合同这样的愿望，所以我们的注意力应该集中在自己能掌握的事情上。

被称作天才的运动员以及歌手、画家等艺术家，他们当中没有人是一帆风顺的，没有经历过失败和挫折就能登上顶峰的人是不存在的。

这些运动员和艺术家想让人们以为自己的表现和艺术创造是出于天赋，是极少数人拥有的才华，所以才不宣传自己的失败史和经验，也很少谈到自己经历的艰难困苦。

然而实际情况是，那些被称赞优秀的人，无一例外都是付出过巨大努力的人。我们只看到他们成功的光鲜，不想他们付出了远多于他人数倍的努力，在经历数次失败、挫折后依然不屈不挠，为了战胜失败反复练习和努力。

因此对于我们来说，在实行计划时即使经历了一些不愉快的事，也没必要放在心上，这是再正常不过的了，千万别被失败击垮自信。

· 写了好多次企划书，但自己的企划案就是没有通过。在这种情况下，数一下自己已经写过的企划书数量，以过去最多的数量为目标。

· 当最终结果并不像预想的那样时，问问前辈或同事自己制订的行动计划是哪里出了问题。尽可能多咨询几个人，至少要咨询 5 个人，如果可以的话尽量咨询 10 个。

·跟客户做推销的约见并不如设想的那样顺利，那就尝试拓展邀请方式，比如不只是电话邀约，也使用邮件、即时通信软件等。

遇到像这样的挫折时，要将注意力放在量而不是质上。

苹果公司的创始人史蒂夫·乔布斯在斯坦福大学做过一场著名演讲。在演讲中，乔布斯先生讲道："每天都要设想如果明天就是生命最后一天的话，自己应该采取什么行动。"他说自己 17 岁时听到这句话，从此每天都会这样问自己。记住自己即将死去，做选择的时候要能看到真正重要的东西，不要让自己后悔。

他经历了无数失败，也取得了数不胜数的成功，给世界创造了无尽的价值。

我们要将行动继续下去，即使最后的结果不尽如人意，那也是自己竭尽全力换来的，肯定不会后悔。

3

进展不顺利时的处理方法

将目标数字化后检查行动计划，并改善方案

中间目标没有完成的时候，要分析是哪里出了问题，思考并改善方案，这里结合事例来说明一下。

当目标进展不顺利时，探究改进方法的第一步是分析哪里出了问题，要找到原因。

若无法跨越设定的中间目标，只有两种情况：

1. 按照行动计划实行了，但就是无法完成中间目标。

2. 无法执行行动计划。

静下心来做有长期价值的事

如果是 1 的话，首先不要改变预先设定的中间目标，让行动计划按照 PDCA 循环运转，然后就可以朝着设定的方向前进了。

重点是把期待的结果和实际完成的结果"数字化"，然后探究问题点。

这里拿一个事例说明：某保险销售员给自己定下了面向管理者召开关于资产运用的研讨会，然后每个月拿到 3 份新合同的中间目标。

中间目标：

面向管理者召开关于资产运用的研讨会，然后每个月拿到 3 份新合同。

行动计划：

1. 每个月参加 3 次管理者们常参加的交流会。

↓

2. 每月收集 60 张总经理的名片。

↓

3. 给其中的 50 人提前一个月打电话，并直接发出关于研讨会的邀请。

↓

4. 研讨会有 30 位总经理参加。

↓

5. 每个月和 8 位总经理单独会面，打探该公司的需求。

↓

6. 每个月向 5 位总经理介绍商品，并商议合同

这个行动计划每一步的意图，我们用具体的数字表述，再来检查一下。

〔1 → 2 〕每月如果参加 3 次和管理者的交流会，一次能和 20 位总经理交换名片。

那么，在交流会上获得的名片数量就是 20×3=60 张／月。

〔2 → 3 〕如果每个月能收集 60 位总经理的名片，就可以和其中 50 位打电话。

那么，打电话的概率就是 50÷60 ≈ 83%。

〔3→4〕如果邀请 50 位总经理来研讨会，会有 30 位参加。

那么，总经理研讨会的总经理概率就是 30÷50=60%。

〔4→5〕如果研讨会有 30 位总经理参加，就可以和其中 8 位总经理约单独会面。

那么，约到单独会面的概率就是 8÷30 ≈ 27%。

〔5→6〕如果和 8 位总经理单独见面，可以向其中 5 位介绍商品。

那么，介绍商品的概率就是 5÷8 ≈ 63%。

〔6→中间目标〕如果和 5 位总经理商议合同，可以和其中 3 位签订合同。

那么，签订率就是 3÷5=60%。

更改进展不顺利的部分

如果能确认这其中是哪一步进展不顺，自然便知道添加什么样的修正方案能改善行动计划，进而达到目的。

我们根据后来每一步实际的结果，比如下面的例子来采取对策。

〔1→2〕计划每月参加 3 次和总经理的交流会就能收集 60 张名片，但是实际一个月参加 3 次之后只拿到 43 张名片。

参加交流会实际拿到的名片数为 43 张 / 月（计划为 60 张）。

对策：

· 增加参加交流会的次数，每个月参加 4 次就可以获得 60 张。

· 改变参加的交流会，打探哪个交流会参加的总经理更多，就去哪个。

〔2→3〕计划每个月能收集 60 位总经理的名片，就可以其中和 50 位打电话。实际上虽然收集了 60 张名片，但能打电话的只有 40 位。

实际打电话的概率为 40 ÷ 60 ≈ 67%（计划为 83%）。

对策：

静下心来做有长期价值的事

· 每个月和 80 位总经理交换名片。

· 和同事交换参加交流会收集的经理名单，补充到自己的名单里。

〔3→4〕计划邀请 50 总经理来研讨会，会有 30 位参加。实际上虽然邀请了 50 人，但是来参会的只有 20 位。

实际总经理参加研讨会的概率为 20÷50=40%（计划为 60%）。

对策：

· 打电话邀请的人数从 50 位增加到 70 位。

· 不仅通过邮件和电话邀请，还要直接给对方寄送邀请函。

· 简洁地宣传研讨会的特色，锤炼电话的措辞和邮件的邀请文。

〔4→5〕计划研讨会有 30 位总经理参加，就可以和其中 8 位总经理约单独会面。实际上虽然有 30 位参加，但只和其中的 5 位约了单独会面的时间。

实际约到单独会面的概率为 5÷30 ≈ 17%（计划为

27%）。

对策：

· 把参加研讨会客户的数量从 30 人增加到 50 人。

· 改变邀约对方单独会面的方式。

· 增加自己约见的会谈，也让领导帮忙约见和客户的单独会谈。

〔5→6〕计划和 8 位总经理单独见面，可以向其中 5 位介绍商品。实际上虽然和 8 位单独见面，但是只能向其中 3 位介绍商品。

实际介绍商品的概率为 $3 \div 8 \approx 38\%$（计划为 63%）。

对策：

· 每月不止和 8 位经理单独见面，要和 10 位总经理单独见面。

· 优先和对公司有产品需求的总经理见面，改变邀约的顺序。

〔6→中间目标〕计划和 5 位经理商议合同，可以和其

静下心来做有长期价值的事

中 3 位签订合同。但实际上虽然同 5 位都商议了合同，却只有 1 位愿意签合同。

实际的签订率为 1÷5=20%（实际为 60%）。

对策：

· 每个月不止和 5 位总经理，而是同 10 位总经理商议合同。

· 向前辈取经，完善自己的推销措辞。

· 通过角色扮演来反复练习销售措辞。

很多 PDCA 循环不畅的人都不会分析行动计划中是哪一步出了问题。

正如上述的例子，如果能把每一步行动计划期待的结果和实际完成的结果数字化，在比较后便能对障碍和瓶颈一目了然，并马上找到改善方案。

4

随时调整中间策略，以确保整个目标持续向前

前面讲过，当设定的中间目标无法完成时，有两种情况。

1. 按照行动计划实行了，但就是无法完成中间目标。

2. 无法执行行动计划。

下面我们说一下第 2 种情况的处理方法。

虽然无法实行计划的原因五花八门，但是归结起来可以大致分为以下几种：

（1）没有动力。

（2）怀疑自己能否完成，时常感到不安。

（3）没有时间实施行动计划。

（4）行动被更轻松、快乐的事取代了。

不管是什么原因，我们试着重新回到起点。

根据具体情况，有时候可能不得不下调目标数值，其真正的原因可能是行动计划没有进入 PDCA 循环，始终在外侧徘徊。在这种情况下，就要调整中间目标和最终目标。

修正目标的方法有修改目标数值（下调修正）和修改完成期限（延长期限）两种。

对于销售预算和考试这样有固定期限的情况，当然是没有延长期限的余地，所以要下调修正。对于商品研究开发或减肥这样有延长期限余地的目标，就可以通过延长期限来修正。

总而言之，并不是凡事都要一板一眼完全按照计划进行，那些经历挫折之后能不断改善修正自己计划的人才能取得成功。

下面我们根据无法按照计划实施的原因，分别来看在面对这些情况时应该如何修正目标和计划。

（1）没有动力

· 自己知道要跟客户推荐公司的商品，但就是觉得不太可能完成，提不起兴趣。

· 决定每天早上慢跑，但是今天又冷又困，不想从被窝里爬出来。

· 今天的行动计划是打 100 个推销电话，但总是被拒绝，不想再试了。

理由①：设立的并不是令人期待的目标。

解决方法：

· 设立更高的目标→如果目标不必完成时想要马上跟家人和朋友分享，那么行动计划实施起来就容易没有动力。如果把目标再定高一级，可能就有跃跃欲试的兴奋感了。

例如，之前的计划是减肥 5 千克。

改成：减肥加肌肉锻炼，练成人人羡慕的 6 块腹肌。

· 和实现目标的人一起设定目标→和已经实现目标的人商量，朝着目标前进的动力就会更充足。另外，对方也会激励你，甚至会帮助你完成目标。

例如，之前的计划是自己一个人完成一年签下50份保险合同的目标。

改成：和同事商量，定下两人共同完成一年签下100份保险合同的目标，动力满满。

理由②：对目标没办法认真起来。

解决方法：

·跟更多的人公开自己的目标→越是跟很多人公开目标，自己越是没有后路，无法撤回。当然，周围的人也可能会助你一臂之力。

例如，之前的计划是跟身边的同事说要完成1000万日元的年销售额。

改成：在部门的聚会上当着所有人的面说出要完成1000万日元的年销售额。

·想一想完成目标后会为你高兴的都有哪些人→自己设定的目标如果放弃了，就等于结束了。但如果有人为你实现目标而开心，你的斗志和执着也会被这些人点燃。若怎么也想不出太多完成目标后会为你高兴的人，就设定一些能带给更多人快乐的目标。

例如，之前的计划是为了减肥每周慢跑 3 次。

改成：要和家人一起去夏威夷参加檀香山马拉松，为此每周要慢跑 3 次。

· 比起行动的质，要更重视量→怎么都不感兴趣的时候，不要想太深，集中精力增加行动量。不要数自己完成的次数，而是计算自己尝试的次数。

例如，之前的计划是要拿到 3 个预约，因此反复进行电话推销。

改成：即使没拿到预约也没关系，先打 50 个电话试试。

（2）怀疑自己能否完成，时常感到不安

· 想要跟很多人签合同，但是都被拒绝了，自己非常不安。

· 以自己的能力果然不能在部门里取得最好的销售业绩。

静下心来做有长期价值的事

· 一整年都坚持运动是不可能完成的。

理由①：目标太遥远，没办法预料。

解决方法：

· 设立近在眼前的中间目标→设立的目标值非常高或者完成期限持续太长的话，就改为近在眼前的、短期内便可完成的目标，把一个个里程碑式的中间目标当作最终目标也是一种方法。

例如，之前的计划是今年要读 100 本书。

改成：本周要读两本书。

理由②：目标过高，太过勉强。

解决方法：

· 下调目标数值或延长完成期限→虽然设立远大的目标是好事，但是如果目标过高就令人觉得无论如何都完不成，也无法行动起来，甚至会陷入恐慌区，致使思维停滞。所以，要稍微下调一点难度，让自己回到学习区。

例如，之前的计划是这一期要打破公司历史上的销售纪录。

改成：这一期创造的销售额要位于公司前列。

例如，之前的计划是这一期要成为公司销售业绩第一的销售员。

改成：3 年内成为公司销售业绩第一的销售员。

（3）没有时间实施行动计划

·知道应该开发新程序，但是固有程序中的缺陷很多，时间都用来改善旧程序了，没有时间做新的。

·计划去客户的公司拜访并推销新产品，但是领导让做企划书而且要整理发票，没有时间去拜访。

·虽然报名了料理班，结果每天都加班，自己疲倦不堪，根本没精力去上课。

理由①：要做的事情过多，没有实施行动计划的时间。

解决方法：

·添加不做的事→因为要做的事情太多，所以要添加自己不能做的事情，同时根据实际情况也可以下调中间目标。

例如，之前的计划是每个月要销售出 3 份人身保险、5 份汽车保险。

改成：下调汽车保险销售的优先度，每月集中精力销售 5 份人身保险。

理由②：行动计划制订得没有余地。

解决方法：

·修改行动计划，留有余地→实施行动计划的时候并非都是一帆风顺的上坡路，也会遇到风浪和意料之外的事情。如果行动计划制定得没有余地，那么请修改行动计划或者下调中间目标的数值，另外延长完成期限也是一种方法。

例如，之前的计划是要在期限内完成网站建设，每天至少要编程 300 行。

改成：因领导布置了很多杂事，每天编码的行数改为 150，延长一下完成的期限。

延
迟
满
足

（4）行动被更轻松、快乐的事取代

·为了出国留学，决定每晚都要学英语，但总是不知不觉就开始玩手机。

·为了积累商品知识，决定学习金融，但是看到有客户的邮件，又把时间花在了回复邮件上。

·决定不喝酒了，而且要去健身房，结果没能拒绝邀请，最后还是去喝酒了。

理由①：自己没有认真对待目标。

解决方法：

· 确认自己为什么想实现这个目标→再次确认为了谁而定下这个目标，如果没有彻底完成的自信，就把目标改成自己有强烈的动力要去完成的事。

例如，之前的计划是完成目标，年末拿到很多提成。

改成：完成目标，和同一部门的同事一起开庆功会，用提成和家人去旅行。

理由②：做了本应该放弃的事情。

静下心来做有长期价值的事

解决方法：

不是从意识而是从物理上进行隔离→虽然是已经决定放弃的事情，但是由于压力和负担，有时候又忍不住想要轻松一点。考试将近，却把时间用来打扫房间，或者是看已经知道情节的漫画以及玩儿无聊的游戏，这种情况就有必要用物理的方式隔离这些诱惑。

例如，之前的计划是睡觉前尽量不要浏览社交网站和社交软件。

改成：进卧室不带手机。

例如，之前的计划是在家准备考试时尽量不看漫画。

改成：考试结束前把漫画丢在一边（用绳子捆上放在某处）。

例如，之前的计划是写完论文前不看电视。

改成：拔掉电视的电源。

chapter 5

放弃即时满足，展示自我控制能力

1

不是用热情推动行动，而是用行动维持热情

重要的是速度和努力

我的工作是每年帮助一些客户及其企业实现上市，或者帮助一些公司不断刷新过去最高的利润。我也近距离见证了很多我举办的学习会的会员，以及我司的职员不断完成他们所定的目标。

但是，我也看到很多人心中没有远大的理想，一直甘于在低空飞行，或者有些人在受过打击后就放弃了目标。通过这些经历，我注意到对实现目标来说真正重要的事情以及看似重要

放弃即时满足，展示自我控制能力

其实被高估的事情。

首先对于实现目标来说，最重要的因素是：行动力 = 速度和努力、公心 = 帮助别人的心、上进心 = 希望成长进步的心。

另外一方面，可能有点出人意料，"立案力 = 制订计划的能力"和"分析力 = 思维敏捷"这两项对于实现目标来说却没有那么重要。

这一章就要告诉大家为什么行动力和公心能提高目标完成的概率，以及如何掌握这些必要的条件。

提高完成目标能力的第一个关键是行动的速度

人都是感性的，只有对发自内心想做的事、有热情的事才有动力。所以，所谓完成目标的能力，不如说是饱含热情坚持做下去的动力。

饱含热情的人和缺少热情的人，做事的速度是不同的。

· 宣布要提交企划书，但是几天过去了也没有提交。

延
迟
满
足

·虽然说马上调查回复，但后来完全没有回信。

·口中说着要提出最佳方案，但是别人不催就没有下文。

·减肥开始时说要去健身房，但是过了很久也没有去。

·说过为了增强体力要开始慢跑，但是已经过了 3 个月依然没有动静。

而有热情的人是不会这样的，他们决定去做某件事后就会马上行动起来。

比如计划这一期要取得历史最高销售成绩的公司职员，如果接到了客户打过来询价的电话，他就算放弃午休时间，也要急着做报价单。

相反，即使是公司规定了销售额度，但是没有热情、不认真对待工作的员工，即使接到了客户询价的电话，他也会觉得还有其他的事情要忙，报价单就会推迟一段时间再做。

放弃即时满足，展示自我控制能力

行动催生热情

那么，怎样做才能对目标抱有热情呢？

答案是利用好人类的一个习性，也就是感情不只是受理性支配，也必然受行动的影响。

如果是自己不想做的工作，即使是想着不管怎样也要做，热情则不会涌出。但如果是没有热情却保持着速度感的行动，也可以催生热情。

最初哪怕只是做个样子也可以，如果能跟怀有热情的人采取同样的行动，即使大脑不想加油，热情也会由此而生。

就算一开始没有动力，或者觉得麻烦，但是如果一直采取有速度感的行动，周围人慢慢地会为你感到开心，自己也能切实感受到成长，热情的火焰会越烧越旺。

"哇！你是我接触的人里第一个这么早交企划书的！真是后生可畏啊！"

"虽然明天才提交方案，但你只用了一个小时就完成了，真令人意外！"

　　如果听到客户这样的称赞，就会激发出你明天也要更早行动的热情。

　　另外，这周能比上周举起更重的哑铃了；不知怎的，慢跑开始后的疲倦感消失了。如果能有这样的效果，会更令人想要不断采取行动。

　　热情并不生根于理性，而是通过行动孕育的。

　　如果对自己彻底完成目标没有自信，或者意识到最近热情有点下降的时候，不要考虑怎样做才能调动热情，而是要提高目前行动的速度。把目前的速度加快 3 倍左右来行动应该是正好的。

　　尝试不考虑其他而快速行动起来，你会发现热情会随之而来。

2

如何把欲望变成能力

有一则著名的寓言故事。

有个人走路的时候看到三个正在砌砖的工人，他分别问这三个人："你在做什么呢？"

第一个工人回答："我要领工资，在砌砖。"

第二个工人说："我在给建筑物砌一堵大墙。"

第三个工人说："我在建一座将要写进历史的教堂，让大家都高兴。"

在做同一件事情的三个工人，谁的热情最高，谁的目标完成能力最持久呢？显然是第三个工人。因为他和其他两位相比最有远见，最有公心，他的心中有一座殿堂。

　　公心的大小是提高完成目标能力的第二个关键。

　　第一步跟读者朋友说过列出实现目标会为你高兴的人，要设定能让更多人开心的目标，就是这个原因。

　　人的欲望分为"私欲"和"公欲"两种，这两种类型的欲望每个人都有。

　　私欲就是只想满足自己的利益，比如食欲、性欲等都属于私欲中的典型代表。

　　私欲中既包括想成为有钱人、想拿到很多提成、想坐头等舱去海外旅行、想要大房子这样的物质欲望，也包括想被他人奉承、超过前方那辆慢吞吞的车等情绪欲望。

　　人类毕竟是高级动物，私欲的本质其实是动物的生存本能，如果没有这种欲望，就会在竞争中失去动力。

　　和私欲相对的是想为他人做贡献，想为世界谋福利的公心。比如想让部下成长、想给员工发很多奖金、想让家人开心、想让病人痊愈、想让国家文明富强、想让世界和平等。

可能有人觉得公心真是美好，而自己有的全是私心，没有公心。其实人类的基因中必然有利他主义。

人的思想中不仅有自己，如果能帮助他人，我们也会感到开心，这种由衷的快感早就深深植入我们的脑海。

公心也可以在行动中获得提高

和从一己私利出发的目标相比，从公心出发的目标会让人更有动力，因为虽然二者都是人类的欲望，但性质截然不同。

私欲也可以称为缺失的欲求，当私欲没有被满足的时候，会有强大的能量驱使人们为之努力，但是在私欲被满足的瞬间就会让人失去动力。

狮子只要不饿就不会捕食，人类也是：

· 考试前"三更灯火五更鸡"，只要考试一结束就又优哉游哉了，结果每次都是在考试前才努力学习。

延
迟
满
足

- 为了在异性中更受欢迎，拼命减肥，但结婚以后身材马上往横向发展。

- 拿到提成时干劲十足，没过多久动力又回到原点。

私欲就是如此，很快被满足，但是无法持久。与此相反，公心即使当下被满足，马上又会生出新的公心，是不会被填满的，所以它也被称作"成长的欲求"。

降低私心、增强公心的方法和培养热情的方法是一样的，它并不是头脑中思考的事情决定内心的状态，而是行动决定心态。所以，人会首先为了他人的利益行动。

- 今天你捡起公司门前人行道的垃圾，听到行人说"谢谢"，明天试着把公司对面人行道上的垃圾也捡起来。

- 如果制作公司内部顾客管理系统使用方法的指南，新人会非常感谢你的，下次尝试把经理系统解说的指南也做出来。

如果持续这样的行为，积累带给更多人喜悦的经验，自己的公心也会被培养出来的。

放弃即时满足，展示自我控制能力

3

优秀催生优秀

同伴对于自己目标完成的能力会有极大的影响，人是很容易受周围环境影响的动物。

如果周围的人都非常努力，你在这样的环境中自然而然地也会努力。如果周围都是怠慢消极的人，你也会觉得自己怠慢消极一点又何妨。

江户幕府末年的倒幕运动和明治维新的中心是萨摩藩（今鹿儿岛县）和长州藩（今山口县）。萨摩藩出现了西乡隆盛、大久保利通，长州藩涌现了高杉晋作、伊藤博文、木户孝允等对日本影响深远的政治家，他们共同缔造了现代的日本。

为什么明治政府的创立者都集中在这个地区呢？难道其他地区没有杰出的人才吗？

我并不是说人的能力是地域造就的，而是觉得环境对人有巨大的影响。这些努力钻研并且满腔热忱的人互相勉励，共同组成了代表日本的领袖集团。

同伴或对手之间可以互相激励

良好的竞争对手也会锻炼人实现目标的能力。

在 2016 年里约热内卢奥运会男子 400 米个人混合泳中，获得冠军、季军的萩野公介和濑户大也从小就开始了竞争，在相互较量中不断成长、不断提高。

同样被大肆报道的还有 2018 年的平昌冬奥会，在 500 米速滑中小平奈绪摘得金牌，韩国选手李相花获得银牌，二人也是一直惺惺相惜，亦敌亦友。

在沮丧、消沉的时候，同伴或竞争对手的存在可以互相刺激，让人有继续前进的动力。

事实上，当年和我一起奋战司法考试的同学全部都通过了。"如果他可以，我也行""我不能输给他""那个人一直在努力，我也要加油"等类似的刺激反倒会成为精神营养，激发自己奋斗的精神，提高学习的动力。

通过这样的例子大家可以看出，那些早早行动的人周围也会聚集早早行动的人；一心为公的人也会吸引一心为公的人；目标完成度高的人周围也会聚集目标完成度高的人。

如果想完成高目标，请寻找跟你有相同目标的伙伴，互相勉励、互相切磋是实现目标的一条捷径。

4

锻炼一生受用的"达成之脑"

成功者的思维方式

设立目标其实是意识层面想要改变目前的自己。由于"维持现状偏差"的阻碍，大脑会感到压力，开始纠结是待在学习区还是回到舒适区。目标完成能力高的人对"维持现状偏差"的抵抗力很强，并不畏惧学习区的压力，甚至能变压力为动力。因为他们能够一直处在学习区，所以他们能做到的事情自然也在不断增加，并一次次完成更高的目标。

我把有这样习惯和思考方式的大脑称作"达成之脑"；把

放弃即时满足，展示自我控制能力

一直沉溺在舒适区无法自拔，不善于完成目标的人的大脑称作"安逸之脑"。

拥有"达成之脑"的人有如下几个特征：

· 对于学习区的压力能够泰然处之。

· 总想尝试新事物，期待体验新的经历。

· 无论何事，首先行动起来。

· 能通过成功案例建立自信。

· 对于完成目标充满热情，也明白实现目标的意义。

· 自己决定的事情无论如何也要做下去。

另一方面，拥有"安逸之脑"的人特征如下：

· 学习区的压力会令自己闷闷不乐。

· 对于尝试新事物、体验新经历感到不安。

· 无论何事，首先用脑思考。

· 因为没有自信，进展总是不顺利。

· 总是思考目标是否有意义。

· 认为如果没有实现目标，是动力不足的缘故。

拥有前者这样大脑的多是富于创造性的人，拥有后者的多是理论型的人。

把自我形象认知改变为能完成目标的那一类

每个人都有针对自己的一个"自我形象"，是指本人对自己是一个什么样的人的定位和评价。

"我是这样的性格""我有这样的脾气秉性"等，在无意识中，人们会对自己有判断和臆想。

"我是善于社交的人""我是内向的人""我是运气好的人""我是运气很差的人""我性格爽朗、明快""我性格忧郁、颓废""我是大家的开心果""我在众人面前开不了玩笑""我看到比较弱的人会想伸出援手""我在比较弱的人面前要炫耀自己""我有出类拔萃的能力""我技不如人"等，都是每个人对自己的定位。

大脑对于采取跟本人自我形象认知不符的言行会产生压

力，会想方设法维持自我形象认知。

如果自我形象认知是"我是内向的人"，那么他在聚会上发表演讲就会倍感压力；相反，如果自我形象认知是"我是善于社交的人"，那么他在聚会中若没拿到麦克风就会感到有压力。

再举一个例子，同样是经历在车站丢了钱包、上班迟到，但是之后钱包又失而复得，有的人会觉得自己真是倒霉，对上班迟到这样糟糕的事愤愤不平，苦闷的心情久久挥之不去。

相反，认为自己运气好的人会觉得千金还复来、我有好心人相助，会因此开心很久。

我们会在不知不觉中采取符合形象认知的行动，因此，自我形象蕴含着极大的力量。

拥有"达成之脑"这种自我形象认知的人会自然采取能够实现目标的行动，自我形象认知是"安逸之脑"的人自然会采取无助于实现目标的行为，最终取得的也是符合自我形象认知的结果。

感觉自己是拥有"安逸之脑"的人，如果把自我形象认知的内容改为"我是达成之脑"，实现目标的能力便能得到提高。

如何改变自我形象

自我形象的改变可以通过下面几个步骤完成：

1. 通过"元认知"客观地把握自我对话的内容

"元认知"是指客观地审视自身言行、感情、思考的一种能力。就像"不识庐山真面目，只缘身在此山中"一样，设身处地常常无法看清事情的真面目。所以，需要像灵魂出窍一样，让自己跳脱出来，从更高的角度出发，客观地审视自己的行为。

具体来说，就是如果想实现更高的目标，每当出现"这么高的目标是无法完成的"这种思绪纠结和阻拦的时候，可以先跳出来冷静地从远处分析：是的，和"维持现状偏差"的战斗要开始了！这种方式有点像自己看自己的实况转播。

越是能客观地看待自己，越是能自由地掌控自我形象。

2. 彻底找出引起"维持现状偏差"的情感和心理原因

"真麻烦""好累啊""失败的话，就太难堪了"等借口总试图把我们拖入舒适区。

3. 将战胜这些心理、情感的话用语言表达出来

面对想回到舒适区的自己，通过元认知，试着站在更高的角度上客观地说服自己，把这些话当作台词写出来。

"虽然有点累，但还可以坚持。不是有想挑战的事情吗？今天绝不能输！""一旦开始，就绝对不能失败！"

像这样自己跟自己对话，多说一些疏解自己心理负面情绪的语言。

延

迟

满

足

4. 在且败且胜中提高取胜的比例

要战胜"维持现状偏差",只要待在学习区就是胜利。如果跟"维持现状偏差"斗争时想着今天还是放松一下吧,然后回到了舒适区,这样就算失败。

无论胜利的时光也好,失败的日子也罢,都要持续用"元认知"自觉地和"维持现状偏差"做斗争,逐渐提高取胜的比例。

5. 进入即使不用斗争也处在学习区的状态

随着战胜率不断提高,自我形象认知会变为"原来我是享受学习区的人",今后再回到舒适区反而会感到有压力。

按照这样的顺序,自我形象认知如果能改变,肯定也能锻炼出"达成之脑"。

可能有些读者会认为从意识上改变本身的自我形象认知是很有难度的,这是因为他们之前不知道自我形象认知是可以改变的。这和从来没有骑过自行车的人感觉骑车很难是一个道理,按照定好的步骤进行,谁都可以改变。

放弃即时满足，展示自我控制能力

　　一件事从完全做不了到简单就能完成，我们都要经历 4 个阶段。

　　第一阶段：无意识的不能——混沌的状态，即"因为不知道，所以不能"的状态。

　　第一阶段的状态相当于因为不知道自行车要通过人掌握左右平衡的同时踩脚蹬前进，通过移动把手来拐弯等，所以不会骑。

　　第二阶段：意识的不能——虽然了解，但是做不到的状态，即"虽然知道，也理解，但就是不能做到"的状态。

　　第二阶段的状态相当于知道自行车是通过人掌握左右平衡的同时踩脚蹬前进的，也知道通过移动把手来拐弯、通过握刹车闸来停车等，但就是骑不好。

　　第三阶段：意识的能——通过意识控制加强练习的状态，即"竭尽全力练习让自己学会"的状态。

　　第三阶段相当于骑自行车时意识很敏锐、清醒，知道向右倾倒的时候重心该往左移，向左倾倒的时候重心要往右等，微调的同时可以骑着向前走的状态。

第四阶段：无意识的能——自然而然的状态，即"无意识地在做"的状态。

第四阶段相当于即使意识到没有专注于自行车的脚蹬、速度、重心的位置以及左右平衡，也可以熟练地骑自行车。与其说是"能做到"的状态，不如说是"熟练到自然而然"的状态。

那些认为自我形象认知不是那么容易改变的人是因为处在第一阶段。知道通过"元认知"跟"维持现状偏差"做斗争的方法，就进入了第二个阶段。之后通过实践必定能晋级到第三和第四阶段。

5

善于实现目标的人都有令人意外的思考方式

可能跟读者想的有点出入，那些不断超越高目标、很擅长实现目标的人在每天的工作和生活中反而并没有很强烈完成目标的意识。这听上去很矛盾，但事实就是这样。

在本章的最后我给大家介绍一下那些不断跨越更高目标的人在工作和生活中一般运用什么样的思维方式。

目标是为了成长和贡献而存在的

对于那些没有习惯性实现目标的人来说，完成设定的目标

就是他们的最终目的。但是，擅长完成目标的人只不过是把设
置与完成目标当作让事业和人生成功的手段而已。

他们当然也想完成定下的目标，但他们设立目标并且朝思
暮想地要完成目标的根源是为了自己的成长，为了对他人
有益。

无论我们定下什么样的目标，都是目前为止还没有完成过
的，或者不能马上完成的。等到完成的时候，也就是完成目前
为止没有做到过的事情时，自己必然会有所成长，自信也会随
之而来。

并且，完成目标后成长的并不只是自己。自己实现目标、
得到成长的同时，也会对别人产生影响。公司领导、同事、
客户、家人等，肯定会有除自己之外的人为此欣喜不已。这
种完成后有益于他人的行为所带来的欣慰会成为挑战更高目
标的原动力。

放弃即时满足，展示自我控制能力

没有实现目标也并不丢人

善于实现目标的人如果没有完成自己所定的目标，也不会觉得不好意思。

正如前面提到的"结果是没法选择的，但是我们可以选择行动"，如果竭尽全力去做了，但是出来的结果并不尽如人意，也没有办法。

本来完成目标的目的就是成长和贡献，即使没有实现所定下的目标，只要全力以赴尝试过了，并且自己得到了成长，也有人因此受益，那么这样的努力就有了更大的意义。

当然，没有完成的时候也要反省，要考虑之后该怎么做才能实现目标。

总而言之，PDCA 循环要高速运转起来。

实现目标也并不是什么了不起的事情

相反，即使实现了高目标，那些擅长完成目标的人也不会觉得这是什么了不起的事。

我至今只有过一次这样的经历。

几年前，我挑战了 100 千米的超级马拉松并且成功了。周围的人都交口称赞："你真是太棒了！太了不起了！"然而我当时是那种完全不做任何运动，连 3 千米都跑不下来的人。但自从我决定挑战 100 千米的超级马拉松开始，我定下了一年的训练计划，60 千米、70 千米、80 千米，我不断增加跑步的距离。

可能一般人都不会考虑跑 100 千米，但是连我这样不是健身达人的人都做到了。因为只要跨越"维持现状偏差"的壁垒，下定决心去做，推敲好计划，然后去执行，谁都可以实现目标，让周围的人赞不绝口。

我跑完超级马拉松的几天后，参加了好友 T 总经理所在

放弃即时满足，展示自我控制能力

公司的聚会。

T 总经理的公司业绩蒸蒸日上，提出去年完成了 20 亿日元，今年要完成 40 亿日元，两年后要完成 100 亿日元的经营方针。

在场的人纷纷称赞 T 经理太有魄力了，真是了不起。但是当时我突然明白：T 总经理自己是不会觉得了不起的。

无论是 100 千米还是 100 亿日元，完成目标的思考方式是一样的，总经理决定要完成 100 亿日元的目标，然后考虑要如何做才能实现，用逆向思维反推制订行动计划，然后实施就可以了。

大家认为普通人的人生在做加法，而那些擅长完成目标的人有特殊的能力，在人生中一直做乘法，然后不断往上冲，其实他们只是以几倍于他人的速度持续做加法而已。

然后，当目标已经近在眼前时，他们对这个目标的兴趣就已经变淡了，脑子里已经在思考更高的目标，并模拟实现的场景了。

延
迟
满
足

成长是要冒险的

善于完成目标的人是不管怎么样都要先行动起来的人。成功的反面并不是失败，而是不行动。哪怕行动有风险，他们也不会纠结。

而不能很好完成目标的人担心如果贸然行动失败了，自己会后悔。他们想了条条大路，但还是在原点没有迈出一步。相反，善于完成目标的人知道，如果行动，自己是不会后悔做出这个决定的。

人类受"影响偏差"这种心理上生存本能的影响，即使遭遇重大失败和不幸，自己也不会受到想象中的严重打击，并且有恢复到原来幸福程度的能力。

因此，后悔自己实施过行动计划的事情是很少出现的，反而是对自己没有采取行动而悔不当初。

那些被称作"成功者"的人，必定经历过很多失败，但是他们会异口同声地说："成功是必然要经历挫折的。"

放弃即时满足，展示自我控制能力

株式会社船井综合研究所的创始人船井幸雄先生是日本经营管理顾问第一人，他观察了数万人的经营之道，意识到人如果不敢冒险，不采取行动，不承担责任，是不会成长的。如果选择了不行动，就等于自己不想成功，由于"维持现状偏差"的壁垒阻挡，对采取行动倍感压力，但如果能行动起来并得到成长，自己肯定不会后悔的。

SIX

chapter 6

实现目标的路上，
一边努力，一边等待

延
迟
满
足

1
创造休戚与共的一体感

前五章讲述了完成个人目标的三个步骤。最后一章为大家介绍一下完成团队目标时，领导者在其中应扮演的角色以及该拥有的思维方式。

个人在实现目标的时候，行动计划可以自己完全掌控，也就是只要自己努力，就可以实现目标。

但是一个团队在挑战更高的目标时，就算领导者自己再努力，团队其他成员的力量如果不能汇集在一处，也是没有办法实现目标的。这样看来，团队完成目标的难度其实是更大的。

和个人目标不同，团队目标必然是关乎整个团队兴衰的目标，领导自己百般坚持，其他人的热情也会被激发出来。如果领导自己都放弃的话，肯定会动摇军心，让团队其他成员不知所措，所以他自己的责任感也会增加。

朝着团队目标努力的三个步骤

和成员一起朝着团队目标前进，虽然异常辛苦，但是能获得比完成个人目标时数倍的喜悦。

在实现目标的路上，当和他人一起完成一个项目时，那种和大家苦乐与共的情感、友谊以及协作意识会永远留存在记忆中。

完成团队目标的步骤和"乐观地构思，悲观地计划，乐观地实施"这三步基本相同。但是完成团队目标有几点要注意，具体来说有下面几个方法引导团队实现目标：

第一步：设置能完成的目标

· 要设定让团队成员都十分感兴趣的目标。

· 自上而下和自下而上结合设定目标。

· 让大家明白为什么一定要实现这个目标。

第二步：制订绝对能完成目标的行动计划

· 让成员完全明确目标。

· 分配给成员跳出"维持现状偏差"的角色。

· 和成员一起考虑担任的职务。

第三步：让团队成员不达目标誓不罢休

· 管理每个成员的进度，在计划出问题时及时修正。

· 把成员的积极性保持在一个很高的水平上。

· 创造休戚与共、同舟共济的一体感。

实现目标的路上，一边努力，一边等待

2

共同目标的设立，既要自上而下，也要自下而上

无论是个人还是团队，在设立目标的时候基本原则是不变的。

· 不是设立可以做到的目标，而是设立想做到的目标。

· 设立可以被验证的目标。

· 加入目标完成期限，并在期限中加入星期。

· 不要设立过高的目标。

上述几条是最基本的。

领导要描述令人跃跃欲试的目标

在设立团队目标时要注意的是，不仅需要领导跃跃欲试，更需要团队全体成员都精神振奋，对目标跃跃欲试。

例如总经理说："今年完成了大家想达到的 10 亿日元的销售额，明年大家团结一致，继续保持 10 亿日元的销售额！"总经理宣布明年完成和今年同样的销售额，会令员工非常期待吗？

对于员工来说，自己所在的公司不断成长的希望会成为他们努力的动力。而如果总经理认为维持现状就很好，那么员工是不会更加努力工作的。

稻盛先生创立京瓷时，最初是租用了京都市中京区西京原町一家企业的仓库（当时叫京都陶瓷）。当企业还不成规模，还微不足道的时候，稻盛先生就跟员工说过这样的豪言壮语："我们不久后要成为原町第一；成为原町第一以后，要成为中京区第一；实现了中京区第一以后，要做到京都第一；达到京都第一后，接下来就是要争取日本第一；成了日本第一的公司后，要成为世界第一！"

正是因为提出高目标，并且稻盛先生坚信可以完成，员工才会团结一致，创造了京瓷集团现在的辉煌。

目标可以不是营业额

对于公司来说，目标不一定非要设定销售额。

如果公司资历尚浅，营业额还很少，描绘让团队跃跃欲试的未来营业额，提高员工的动力是相对容易的。因为如果今年的营业额是上一年的130%，那么5年的营业额要翻5倍这样的大跨步发展是很有可能的。

但是，对于资历很深、在业界市场占有率较高的公司来说，一下子提高营业额是非常困难的。在这种情况下，可以通过设立"这次开发的新产品要完成5000万日元的营业额"或者"我司的服务要上电视"等目标来激励员工。

在这里想让大家注意的是，对于领导者来说充满期待的目标，并不一定是团队成员也期待的目标。

特别是职场中，领导者常常看中营业额和利润等数字目标。但是最近，相比营业额和利润，更在意客户的感谢或者更在意工作和生活的平衡的员工越来越多。

所以，目标设立为在客户问卷调查满分为 5 分，要突破平均 4 分的成绩，或者加班时间缩短 30% 也是不错的。

因为如果顾客和员工的满意度双双上涨，企业的营业额和利益也会随之增加，所以无论是对于领导者也好，还是对于员工来说，这都是值得期待的目标。

自上而下和自下而上的目标是什么

设立团队目标时，有一个常常被问到的问题，那就是：团队的目标应该由谁来定，应该怎么定？

这里以设立公司销售额为例来说明。

实现目标的路上，一边努力，一边等待

设定目标的方式有两种。一种是领导决定后通知员工的自上而下的方式；另一种是由员工分别设定，然后汇总起来成为团队目标这种自下而上的方式。

无论哪种方式，都各有利弊。

自上而下方式的优点是容易设定高目标，缺点是员工会觉得是上面让做的，从而很难认真执行。

而自下而上方式的优点是员工对于自己设定的目标有很强的主人翁意识，缺点是大家常常优先设立自己能完成的而不是想完成的目标，这样设定的目标往往不会很高。

在这里我们要取两种方式的精华，建议团队目标要自上而下和自下而上相结合设定。

也就是总经理单方面设定销售目标的话，员工会感觉目标是被强加的，生出"这不可能完成、这是胡乱设定"的想法，因此不会认真对待。

如果先让员工把自己认真规划的数字报出来，把自下而上决定的目标数字做成准备讨论的议案，领导看过员工自己设定的数字后，对还有进步空间的员工会说"不是设定能达到的数字，而是设定想达到的数字作为目标"，或者说"如果你认真对待，应该不只是这个数吧"。通过这样告诫员工，让他们重新思考并修改一下目标。

这样来回重复数次，直到员工自己思考要完成的数字和领导让做的数字达到一致为止。

这样通过一来一回设定的目标和上面直接布置的目标不同，员工自己会有主人翁的意识，完成的概率也会提高。

但是，这种自上而下和自下而上相结合的方式会让领导与员工反复斟酌，会花一些时间。因此，在设定每年的销售额这样完成期限已经确定的目标时，应该尽早开始讨论下一年的目标。

所以，我会告诉向我咨询的总经理："贵公司下一期的经营计划最晚需要在截止日期的前3个月就开始讨论。"

我自己的公司是每年12月结算，每年10月开始我就会跟他们就明年的目标交换意见，这样才能在新一年开始的时候和全体员工一起朝着已经设定好的目标奋斗。

实现目标的路上，一边努力，一边等待

告诉大家为什么是这个目标

团队在设定目标的时候还有一点是领导必须要做的，那就是要告诉全体成员为什么大家一定要完成这个目标。

设立的目标是必须让很多人开心的，然而领导还有一个角色是要向每位成员说明完成团队目标具体会让谁开心。

具体来说，告诉员工实现目标后有何影响：

1.对团队成员有哪些好处。

2.对公司会有什么贡献。

3.对客户或社会有什么意义。

总经理的想法是公司能挣很多钱，自己也能过更好地生活；部长的想法是自己部门的营业成绩在公司排第一的话，会很有面子。为了这样的总经理和部长而努力奋斗的员工应该是没有的，员工只有在实现目标对自己有好处时，或者能切实感觉到工作有意义时才会认真起来。

特别是年轻的员工，有时候对于为公司而努力、对客户和社会有意义这种理由是理解不了的。

垃圾回收公司的 Y 总经理说："我们的工作是防止家庭倒出的垃圾破坏自然环境，为了给子孙后代留下美好的居住环境。我们的营业额每增加一分就意味着多保护了地球一分，所以大家要一起努力！"

另外，保险代理店的 S 总经理最初在员工面前说："一家的顶梁柱如果受伤或生病，家人的生活水平肯定会极速下滑，但是如果买了人身保险，家庭的生活水准就不会受影响。人身保险是让千家万户安心生活的最佳商品。为了让世界上更多的人了解，我们明年要想方设法地达到 1 亿日元的销售额，让更多的家庭舒适幸福！"

因为大家都有想帮助他人的公心，团队的领导不只要告诉员工"完成目标的话工资会上涨，同时还会发提成"这种好处，另外也要传达更大的、可以帮助他人的计划。

3

传达计划的同时也要传达期待

实现团队目标的第二步是制订行动计划，这一步基本上和制订个人的行动计划是相同的，如下：

· 从目标彻底往前倒推。

· 到什么时间要达到什么状态，并设置中间目标。

· 根据每个商品（服务）和每个人将目标细分。

· 行动计划要制订成一定能完成的事情。

· 悲观地构想，应对所有可能的意外。

延
迟
满
足

提问的同时传达行动计划

为了实现一个大的团队目标，领导有必要认清每个成员擅长的领域和个人素质，然后考虑职务分配、制订行动计划。

当然，制订团队的行动计划要比制订个人的行动计划复杂太多，要深思熟虑一番。

考虑行动计划的时候跟设置目标一样，并不是由领导一个人决定，而是要一方面听取员工意见，一方面制订行动计划。这样不仅能提高员工的主人翁意识，而且集思广益、群策群力，员工有时候还能提出领导想不到的好建议。

比起领导布置的行动计划，员工对于自己思考的行动计划当然会有更高的动力去完成。行动计划并不是让领导告诉员工希望他如何做，而是问员工要完成这个目标，有什么好的行动方案或建议，这样会有更好的效果。

比如，培训公司设定的目标是企业会员增加两成。你作为领导想到的行动计划是：以前每个月开两次的研讨会从今年开

实现目标的路上，一边努力，一边等待

始增加到每月 4 次。

这个时候你给部下布置任务：因为今年的企业会员要增加两成，所以每月要开 4 次研讨会。这种时候下属很可能会感觉这个行动计划是你强加给他的。

此时，你可以试着问他"今年的企业会员要增加两成，你想怎么实现呢？"他如果回答"我觉得可以尝试把开研讨会的次数翻倍"，你马上就可以说"这个建议太棒了！就这样做，交给你了，召开日期和会场你定吧！"这样的话，这位下属应该会充满动力。

反复多次传达目标和行动计划

如果设立了团队的目标、制订了行动计划，一定要和所有团队成员分享，这件事实际上做起来还是有一定难度的。

我经常在很多总经理参加的演讲会中问他们："在场的各位，有谁想在自己现阶段经营规划的基础上更上一层楼吗？请举一下手。"听到这个问题后，一般全部的人都会举手。

然后，我接着说："明确设定好明年的销售目标的人请举一下手。"这时大概有八成的总经理会举手。目标必须是可以验证的，如果没有明确的数值，经营管理很难更上一层楼。

最后，我说："把这个目标跟全体员工共享的经理请举一下手。"这个时候举手的总经理人数一下子减少，大概只有30%。

不管上层设定了多高的目标，在多么努力地完成，公司的经营都是团队战，并不是总经理一个人就可以完成目标的，必须要借助全体员工的力量。如果员工都不理解目标和行动计划，那么实现目标的可能性就微乎其微。

有时候，领导跟员工说过一次目标和行动计划后，往往以为他们已经理解了，就不会再重复第二次和第三次了。

稻盛先生在京瓷的哲学中说过"目标要众所周知"，中间目标和行动计划等一定要深深地印在全体员工的脑海里。在公司里，无论问谁，都能马上说出目标数字。

在全体员工都知晓目标和行动计划之前，领导需要不厌其烦地告诉大家。

当然，在传达的时候也需要一并说明为什么一定要完成这个目标，以及实现目标后对大家有什么好处。

传达对员工的期待并给予头衔

给员工传达目标和行动计划时，不要只说给各个成员分配的任务，把领导对成员的期待和他们对应的头衔也说出来会更有效果。

人都有想被周围人器重的诉求。有人器重自己，自己也会更有信心。所以，领导者要充分利用这点，引导员工得到成长、走向成功。

比如明年的团队销售目标是 1 亿日元，想分给 A 员工4000 万日元的销售任务。

领导如果对 A 说 "团队目标是 1 亿日元，想交给你 4000

万日元的销售任务", A 可能会觉得为什么我要承担这么多啊,去年我们团队的销售额是第一,但是我拿到的提成却少得可怜,甚至 A 还会认为领导要把麻烦推给自己。

这种情况领导不妨这样说:"你已经是这个团队中最优秀的人了,这次抱歉还要依赖你,希望你能接下 4000 万日元的销售目标,怎么样?"

A 会感觉自己是团队的中心人物,被领导器重会更有自信,继而认为团队中分量最大的销售额分配给自己是理所应当的,他很可能会信心满满地说:"好的,今年为了团队一定要努力!"

把期待和成员的头衔结合起来,这样可以提升员工的动力。

例如,几名员工都肩负领导布置的销售任务,建议分配给各个成员"营销部第一科长""营销部组长"等头衔。

如果是在考虑实施新的营销手段和制作新商品的宣传广告,也就是在固定的时间内需要分配给员工一定的任务,那么可以授予他们"项目组长""工作组长"等头衔，便于员工提高主人翁的意识。

介绍分配职务的理由

另外，不仅要传达对员工的期待，而且要把分派职务的理由介绍出来，会更有效果。

比如 B 一直在经理部，现在想让他担任销售的职务。

如果不说明部门变动的原因，只对 B 说"想让你从明年开始从事销售业务，给你分配 2000 万日元的销售目标，加油吧！"像这样只传达分配的任务，很可能会引起 B 的误会："我做经理的时候那么努力，为什么要调去做销售，可能领导一点都不器重我。"

此时可以这样解释让 B 做销售的事情："公司希望 B 将来能成为骨干，所以只是做经理还不够，希望你通过销售拓展经历，更好、更深地理解公司的业务。"

特别是针对员工本人没有注意过的优点和突出的地方来阐述的话，会更有说服力。

"我观察你平时和其他员工说话的样子，要说到察言观色，抓住别人的情绪，公司其他人真的无出其右。这种沟通能力不用在跟客户交流上真是一种浪费，所以销售的职务非常适合你，像是为你量身打造的。"如果这样说的话，B 应该很愿意努力奋斗。

4

动机至善，摒弃私心，他人自会追随

并不是谁都愿意老实地按指示办事

如之前所述，拥有"达成之脑"的人不惧风险，是无论如何都会先行动的人。但是，这条并不适用于实现团队目标的情况。

职业棒球等运动中流行着"优秀运动员不一定是好教练"的说法。教和学是两码事，好的选手真的不一定会是好的领导。

朝着团队目标前进的第三步是实施阶段，进入第三步后领导要检查各个成员是否能执行制订的行动计划，并且帮助没能

191

延迟满足

按照计划跨越中间目标的成员修改行动计划，使保持行动计划的 PDCA 循环正常运行，并给成员做出指示。

擅长完成目标的领导不只是给出明确的指示，更能让员工甘心接受指示并且执行。

领导如果已经明确给出指示，就会认为员工肯定会照着做，其实并不是这样。具体来说有下面两种情况：

1. 领导说的话有误。

2. 领导说的话，员工不愿意听。

这样的话，即使领导给出了明确的指示，员工也不会顺从。

人的大脑分为掌管理智分析的大脑（理性脑＝大脑皮层）和掌管情感或情绪的大脑（情感脑＝大脑边缘系）。

像上面"说的话有误"的情况，员工的理性脑不会接受；"不想听领导的话"这种情况是情感脑接受不了指示。

无论是哪种情况，如果想通过强调地位、等级、权力等来压倒对方，比如"我是领导，你是员工，所以必须听我的！"这样是不会有好结果的。

实现目标的路上，一边努力，一边等待

下面就给大家讲一下具体的处理方式。

领导说的话有误这种情况，员工不理解为什么要实现这个目标，为什么分配给自己这样的角色和任务。所以，要客观地向对方解释一下任务以及行动计划的必要性和该员工能够胜任的理由。

比如，对于一直接待潜在客户并要开拓新客户的员工，领导指示他要增加已有客户的拜访量。在这种情况下，如果客观地给员工分析老客户带来的利润率高于新客户，而且老客户还可以介绍新客户，所以签订新合同的概率更高，像这样列举诸如此类的理由并用数据来佐证说明没有必要用全部精力接待新客户，不失为一种好方式。

没有信赖感很难行动

上述第二种情况，解决起来会棘手一点。

如果员工对于领导说的话完全不想听，这是因为对领导没有信赖感。人很容易接受自己信任的人说的话，甚至盲目到几乎不考虑内容正确与否。而对于不信任的人，即使他的话头头是道，也接受不了。因此，必须要取得员工的信任，才能让他们心甘情愿地听领导的话。

我迄今为止作为律师、税务师、经营顾问见证了很多成功上市的公司经理以及不断实现目标的团队领导的成功时刻。

那些不断完成目标的领导无一例外都能深得员工的信任，我注意到深得员工信任的领导有 5 个共同点。如果领导们都能注意到这 5 点，那么他们说的话一定能让员工听进去。

（1）细心聆听别人讲话

取得员工信赖的领导首先会认真倾听别人的意见。

被称作"经营之神"的松下幸之助，是属于聆听员工的天才型领导；筑造了江户幕府的德川家康，无论何时都会非常耐心地聆听家臣的意见。

下属鼓足勇气发言，如果中途被打断、立马就被否定的话，之后就很难再开口畅所欲言了。

特别是优秀、聪明或者经验丰富的领导，只要员工一开始说话，他们马上就能抓住这个人想说什么，或者立刻就知道员工的意见是有问题的，无意中就想在中途陈述自己的意见。

但是不管怎样，一定要听完别人讲话，并表扬员工勇于表达自己的意见，还要肯定员工的意见，这样员工对领导的信任感会一下子提高。

因此，无论何时，团队成员在说话的时候，请领导先停下手头的工作，仔细倾听员工讲话。

（2）一惯性原则

说话前后不一致，言行不统一的人是不会被别人信任的。

领导嘴上说着冠冕堂皇的话，但是言行不一，员工会一下子离心的。

"业绩上去之后要给大家涨工资。"领导这样说，但是完成业绩之后却最先给自己买了一辆豪车，这样的领导是典型的言行不一的例子。

只是做到言行一致还不够，如果对不同的人说话态度不同，这样也不会得到别人的信赖。比如见到上级点头哈腰，对待下属颐指气使的领导，或者对待客户笑容满面，对待员工怒气冲冲的领导，都不会被信任。

另外，根据状况改变态度的领导也不会得到员工的信任。比如签订新合同的时候心情大好，客户要索赔的时候焦躁不安，也是不行的。

（3）经常表示感谢

被人信赖的领导口头禅经常是"谢谢""多亏了大家"。他们发自内心地感谢员工的存在和努力。

"感谢"的反义词，你知道是什么吗？"感谢"是获得别人恩惠的时候表达的感激之情，反义词是"应当的，用不着说"。

我了解这层意思后觉得特别赞同，正因为我们觉得别人做了不是理所当然的事情后，心里才会涌出感谢的念头。

实现目标的路上，一边努力，一边等待

　　一般来说，工作很出色的人认为他的出色是应当的，用不着说，当了领导之后也会对员工寄予厚望。

　　但是，如果总感觉"怎么这件事会做不了呢？"为什么听一遍还是不理解呢？总有这种不满的情绪是没办法向他人表示感谢的。

　　把自己认为应当的程度下调，员工一起朝着目标前进并不是理所应当的，下属把工作做得这样好也不是理所应当的，这样想便能常怀感谢之心。

　　另一个阻碍我们表达感谢的强敌是面子。

　　尽管对客户可以冷静地说"非常感谢"，但是很多领导对下属说不出感谢，这是难为情在作怪。

　　特别是对身边亲近的人表示感谢的时候会感觉不好意思，对父母、丈夫或妻子说"谢谢"会觉得别扭就是典型的例子。

　　尽管尴尬，只要说一次感谢，第二次之后就没那么困难了。把自认为理所应当的程度下调，不要受到面子的钳制，谁都可以成为经常表达谢意的领导。

（4）一心为公

想自己建功立业，实现目标，以便自己能成功，这种私心很强的领导也不能得到别人的信任。己欲立而立人，己欲达而达人，有舍才有得。

想给员工增加提成、想让公司发展壮大、想让员工顺利成长、想为社会做出贡献等，有公心的领导才能得到员工的信任。

在我的帮助下，实现上市的企业总裁都是公心很强的领导。他们都是从很强的公心出发把上市作为目标的：筹措资金把企业做大做强，成为对社会有益的公司；实现上市，让员工为在公司工作感到骄傲等。

（5）善于引咎自责

把不能做到的原因或者没有实现的理由推给他人或团队成员的领导是得不到信赖的。引导团队实现目标的领导并不会把原因归咎于他人，而是反躬自省。

实现目标的路上，一边努力，一边等待

我们很难改变其他人，但是可以通过改变自己调整和他人的关系。

当事情进展顺利时或者得到客户赞美的时候，要把功劳都给团队成员；当结果不尽如人意或者客户要求索赔的时候，率先承担责任的领导自然会得到员工的信任。

5
提高团队整体积极性的 5 件小事

一个团队朝着目标奋斗的时候，成员的积极性和团队的气氛对结果有极大的影响。

想象一下职业棒球锦标赛，各个棒球队的目标都是冠军。每年开幕前评论家都会预测比赛的排位，但是全部猜对的一个都没有。因为是职业同仁的竞争，并没有很明显的实力差距。

所以，排名靠前的球队连连胜利，排名靠后的节节败退。这并不是能力的差距，而是成员的积极性在影响比赛结果。

连续胜利的话，选手们会期待："还能继续赢吧，最终胜利会属于我们。"然后，会更有动力拼搏向上。反之，不断

实现目标的路上，一边努力，一边等待

遭遇滑铁卢的球员会萌生放弃的念头："今年应该无望了。"
然后，在决胜的关键时候不会顽强坚持到最后。

换句话说，积极性是跨越"维持现状偏差"的壁垒，让自
己持续处在学习区的一种精神能量。要实现高目标的领导，很
重要的一个角色是要把团队成员的积极性一直保持在很高的
水平。

提高员工积极性的 5 件小事

要提高成员的积极性，让团队充满动力，领导需要做 5
件小事：

1. 赞美员工

在被领导赞美之后，没有员工的积极性不会提高。

员工得到表扬后，有时候表面看不出来他很高兴，这是因
为害羞，但是他的内心肯定是开心的。

只看到员工的失误，还一直批评肯定是不行的。领导要常常寻找员工值得表扬的地方，不要吝啬自己的赞美，即使是微不足道的事情也要留心表扬。

如果要寻找员工的失误的话，就会发现目光所及之处都是过错。

如果觉得没有值得表扬的地方，就要寻找员工的功劳。睁开善于发现他人优点的眼睛，尽量做到映入眼帘的尽是成绩。

2. 批评员工

人被批评的时候情绪会达到兴奋状态，积极性会随之提高。

员工懈怠或者没有遵从领导指示的时候有必要坚决批评，领导如果默认不发声的话，其他员工的积极性也会下降。

做不到批评员工的领导没办法带领团队实现目标。

但是，批评的方式一样要把握好，要注意先抑后扬。

人如果突然受到批评，会马上变得软弱或者情绪反弹。做得好的事情要先表扬、慰劳对方，之后再分析由于准备不足、注意不足、确认不足导致的失败。

比如，可以说"你是团队中思维最缜密的，平常很有耐性，所以才把这个交给你，但是这次竟然出现单纯的计算错误，是怎么回事？"或者"你每天都是第一个到公司上班的人，我觉得非常棒，但是这次的失误绝对是不允许的！"像这样，先肯定对方，然后再提出批评。

责备之后如果再表达一下对对方的期待，会提高对方的积极性，比如："真的是对你非常器重，才把这个任务交给你的，请一定要挽回这次的失误。"

有时候根据场合要严厉批评。

批评的态度如果模棱两可，也是不行的，有时候要严厉责备对方，特别是员工草草应付的时候。如果批评方式不够强硬，员工是不会重视的。

像稻盛先生说的"兼备两个极端"：既要有父亲般冷静而透彻的严厉，也要有母亲般的爱与人情味。领导要根据场合自如运用。

另外，请注意赞美和批评的比例。

跟表扬的快乐刺激相比，批评带来的不快刺激会更直接。如果不快的刺激使用过度，员工的积极性反而会丧失。

对于赞美和批评的最佳比例众说纷纭，日本江户后期的思想家二宫尊德说过非常值得大家参考的话："父母之爱子，若对其五分指点，三分赞美，二分批评，则子为好人。"请领导尝试践行"经常赞美，偶尔责备"的方法。

3. 让对方切实感到成长

人都有想进一步成长、发展的欲求。

如果能切实感到自己的成长，人不只积极性会上涨，也会更有自信，更能继续停留在学习区，有更好的表现，由此进入良性循环，会更快地成长。因此，领导有必要让员工切实地感受到其自身的进步。

具体来说，就是留心反馈员工的进步。经常寻找员工是否

实现目标的路上，一边努力，一边等待

有比以前成长的地方，一旦发现进步的点，要立刻告知对方。

比如，公司研讨会的目标是招揽 30 位客户，但实际只招到 20 位的时候，不要说"怎么没有招揽到 30 人呢？"而是传达给对方："目标虽然没有达到目标，但是上一次只招揽了 10 位客户，这次翻倍了！"

让员工切实感到自己进步的捷径是让其积累很多成功的体验。

为做到这一点，不要一下给员工布置很难又很费时间的任务，而是要给对方比较简单，在短时间内就能完成的任务。

比如，不要给对方定下"这个月要和 100 个人交换名片"的中间目标，而是给对方"在今天的聚会上和 5 个人交换名片"这样的行动计划。

相比很费时间的大任务，不花时间的小任务更能让员工积累成功的体验，同时也能增加受表扬的次数。

当然，如果任务过于简单，员工不费吹灰之力就完成了，也不会有成功的体验，所以请领导把握好度，适当布置一些有难度的任务。

另外，为了让员工积累成功的体验，最初要耐心叮嘱，待员工掌握之后再放手交出去是根本。

当员工经验尚浅的时候，领导要仔细指导、频繁检查、耐心监督。

但是当员工积累了经验之后，领导再这样做就会适得其反，让员工有"被监视""不放心交给我"的感觉。

4. 展现团队的整体感

为了保持团队的积极性，展现团队的整体感也是非常有效果的。

典型的例子是团体类的体育项目都会准备统一的服装，工作中的团队也是，有很多方法可以展现团队的整体感。

比如，实现了中间目标或者团队中有一个人第一次拿到合同等，找一些理由，请每天同甘共苦的同事一起举杯庆祝，团队的凝聚力自然而然就会提高。

另外这个方法可能有点狡猾：共同对手的存在也能提高团队的凝聚力。

"绝对不能输给旁边的营业部，我们要加油！""要率先实现目标！""要比竞争公司开发出更好的产品！"等也有助于提高团队意识。

5. 不要忘记微笑

虽说是特别简单的事情，如果领导表现得很开心，员工的情绪也会跟着转变。

即使是困难或者进展不顺利的时候，领导也不要忘记一展笑颜，让员工看到自己为达目标勇往直前的身影。

如果把这 5 点记在心里，肯定能成为可以带领团队实现目标的理想中的领导。

延
迟
满
足

后　记

到此，我已经把自己目前所学、实践中积累的经验以及指导过很多人成功的"目标完成法"毫无保留地教给了大家。

即使最初在实现目标的道路上进展得并不顺利，在反复运用本书所介绍的方法后，你会在某一时刻切实感觉过去连想都没想过的目标在不知不觉中竟触手可及。

然而，实现目标的瞬间并不是最开心的时候。发现自己的潜能，积极考虑下一个目标才是最快乐的时候。

在学习区的充实感是别人替代不了的，只要经历过一次，就不会再回到舒适区。因为在学习区不只面对接二连三的挑战，自己也能得到成长，即使失败也不会后悔。

自从泡沫经济破裂以来，日本国内充斥着闭塞感。具体现

后

记

状是人口减少、财政凋敝、跨越不了"维持现状偏差"的鸿沟，停留在舒适区，把问题不断往后拖延。

但我们是有无限的可能性的。

即使一个人也没关系，我认为只要你把在学习区挑战的精彩传达给其他人，别人就多了一个重生的可能，多了一个恢复自信的机会。这也是出版这本书的初衷。

最后，我衷心感谢所有为这本书的出版付出心血的人！

就领导力和实现目标给了我基本指导的盛和塾的塾长——稻盛和夫先生；教我实现目标心理学理论的日本经营心理师协会代表理事——藤田耕司先生；不断实现更高目标，榜样般存在的管理者前辈们；给我出版机会的 Next Service 董事长——松尾昭仁先生；从策划到执笔，一直给我指导的日本实业出版社的部长——安村纯先生，以及给我创造安心创作环境的同事和家人……如果没有他们，这本书无论如何都是没办法出版的。

真的非常感谢！